〈現代の全体〉をとらえる一番大きくて簡単な枠組

須原一秀

体は自覚なき肯定主義の時代に突入した

新評論

はじめに

本書の読み方 〜 本書の内容は多分一時間か一時間半で読み取ることができます。その際、あちらこちらと納得できない部分があると思いますが、その個所には赤線か何かで印を付けるだけで、どんどん先へと進んでください。また、注記や図版なども無視しながら先へ先へと読み進んでください。

そして、読み終えた後に、問題の個所に戻り、注記や図版なども参考にしながら、もう一度じっくりと考えてください。そうすれば読者は、自分なりの仕方で「現代の全体」を大きくとらえるための枠組が身についているはずです。

あるいは、本書の内容と結論が十二の論点の形で一七九〜八六ページに掲げていますから、それから読み始め、そして、目次や索引を参考にしながら、気になる個所と四章と五章だけ読んでみる手もあります。本書では、同じことをクドイくらい何度も繰り返していますので、そういう読み方も有効です。

特に、「哲学」や「思想」には興味はないが、「現代の全体」だけは一応把握しておきたいと考えている人は、「肯定主義」と「否定主義」というペアの思想を説明している個所（一章のBと二章のB）だけを読んで、その上で四章だけを読めば十分です。そうすれば三、四十分で本書の基本的主張を無理なくおさえることができます。

逆に、徹底的に考え抜きたい人は注記――ここには「より複雑で詳しい説明」、「反論への反論」、「読書案内」などが含まれています――を参照し、批判的にじっくりと考えてください。

本書の目的と内容　**本書では「現代」というものの正体を単純にあからさまに提示し、その上で、具体的に実行可能な提言をします。**「現代」をおさえるためには、「現代大衆社会」の全体的性格をおさえなければなりません。そして、現代の大衆社会の全体的性格を知るためには、その「大衆社会」を作り出したものを知る必要があります。

それは紛《まぎ》れもなく「**科学技術**」と「**民主主義**」と「**資本主義**」であり、そしてそれらの背景にある「**科学主義**」、「**人権主義**」、「**自由主義**」、「**個人主義**」です。そして一番重要なことは、それらのもう一段奥にある「**ものの見方・感じ方・考え方**」をおさえることです。

したがって、「《現代》とは何か?」ということを考える人は、「科学」、「民主制」、「市場経済」、「自由主義的個人主義のはびこる大衆社会」の基本特性をおさえると同時に、それらを支えている「ものの見方・感じ方・考え方」を見定めなければなりません。

ところが解りやすいことに、「科学・民主制・市場経済・大衆社会」は、ある一つの「単純な古代思想」と関連しているのです。その関連を理解するための思考枠組を本書では提供します。

その結果、「無原則・無節操の現実主義者」、「腐敗と犯罪に満ちた先進国の政治家」、「高潔志向の知識人」、それに「宗教関係者」と「発展途上国の理想主義者」が同じテーブルに着いて議論するための最低条件が提示されます。

その最低条件とは、「《犯罪と利己主義のはびこる自由主義的民主主義国家》が《清潔な共同体的理想主義国家》よりも良い国家である」ことと、「どうして、そうなのか?」という理由を、それらの人々が納得することです。そのために、本書においてはその理由を単純な形で提示します。

それにしても、「現代の全体」をとらえ、その行く末を見当付ける枠組として、本書ほど大きく、本書ほど圧縮された枠組はないはずです。

それは「高校生をはじめ誰でもが、自分の取り込まれている《現代の全体》を把握しうるような書物」にしようと思って、極度に**単純化**と**図式化**を図ったせいです。したがって、結論も結論に至る筋道もまったく単純なものです。

そしてまた本書は、現代の状況全体に対して漠然と「暗さ」と「閉塞感」を感じている人々に対しても、何らかの転換点を提供することを狙っています。そのために、戦略拠点を構築し、そこから若干挑発的で反常識的な主張を発信することにしました。

いずれにしても、本書を読破した後、その問題点などをじっくりと考えれば、きっと読者諸氏は「現代大衆社会」を理解するための見方・感じ方・考え方を自分なりに確立できるはずです。本書には、そのための「組み立て部品《キット》」が一式詰まっているものと考えてください。

本書の結論 ⊰⊱ **そして結局、出口から出てしまっていることに気が付かず、出口が見つからないと嘆く人々に向かって、本書の結論が提示されることになります**。本書のまったく単純な結論とは、「思想的にも倫理的にも、すでに答は出てしまっている」ということです。そして、その答も七行の文章で明確に提示します。

したがって、「今は出口のない閉塞状況の中にあり、政治、教育、倫理などに答らしい答はなく、心ある人々の心は混迷と困惑の極みにある」という通説は、古くからある「昔は良かった――今はひどい」などという老人的な決まり文句と同様に、結局は無意味な紋切り型表現にすぎないことを明らかにします。

そして、「大枠での答は既に出てしまっているので、そのことを踏まえて、個別の問題に個別的に対処すれば良いし、事実、事態はそのようにしてかなりうまく進行中である」ということも明らかにします。

それも、「二度の哲学溺死事件」という少し新鮮な視点からアクセスしますが、一度目の事件の原因は「**完全な現世否定主義**」であり、二度目は「**野放図な現世肯定主義**」です。前者は「キリスト教」であり、後者は「大衆エネルギーの現代的発現形態」です。

いずれにしても、筆者本人もたじろぐほどの**大風呂敷**を広げますので、読者諸氏には眉に唾を付けながら楽しんでいただきたい。

さあ、「現代大衆社会」の正体を見極める旅へ

ほぼ三千年間の猛スピードの時間旅行へ

広大な眺望と爽快なスピード感を味わってください。

〈現代の全体〉をとらえる一番大きくて簡単な枠組／もくじ

〈現代の全体〉をとらえる一番大きくて簡単な枠組

——体は自覚なき肯定主義の時代に突入した

一章　「哲学」と「民主主義」の険悪な関係

A　まず「哲学」と「思想」の手軽な総括から始める

○出発地点の確認　⁂　筆者は、「分析哲学」と呼ばれる領域に長年かかわっている研究者の一人です。そこでまず、この領域を思いっきり単純に総括する話から始めてみましょう。

分析哲学では、既存の哲学はすべて言葉の使い間違いから発生したものであり、したがって「今までの哲学はすべて病的言語体系である」と決め付けておりました。

そこで、その患部を論理的・文法的・意味論的メスで解剖し、その病因を突き止め、治療してやるつもりだったのです。

そして、それと同時に、あらゆる学問的知識の整理統合を図り、今後怪しげな説や理論がつけ入る余地のない完全な科学的知識の牙城《がじょう》を構築するつもりだったのです。

しかし結局は、「病的な哲学言語」の病因は突き止められず、学問的知識全体の整理統合の当てもなくなり、さらには元来の分析作業の目的も忘れ、今や場当たり的個別的研究と非建設的相互批判で明け暮れているというのが現状です。つまり、筆者は自分の専門領域が窒息して行く有り様を目の当たりにしてしまったわけです。[注1]

そこで、自分の専門領域から目を上げて見渡してみれば、他の哲学も同様の状況にあることに気が付くという次第です。

二十世紀における大物哲学者たち、たとえばフッサールやハイデッガーも、既存の哲学の弱さと半端さを憂えて、基礎からの哲学再興に立ち上がるのですが、結局分析哲学と同様に、今や一部インテリの風俗的趣味に成り下がっており、それ以外の哲学についても事情はほぼ同じです。

もっとも、一部の才人はジャーナリズムの世界で器用に哲学用語を使って発言していますが、しかし彼らの持つ哲学体系が、直接に――そして本当に意味を持って――彼らの発言内容に役立っているわけではありません。ただ、場当たり的に器用に利用しているだけか、昔からの「当たり前のこと」を当たり前に主張しているだけです。

以上のような現状は、専門家の間では共通了解になりつつありますが、専門外の人にはなかなか分かりにくいことではないかと思います。

○「哲学の死亡」と「寛容の精神」

⊰ そこで、政治家も、教育者も、一般市民も、やはり「哲学死亡」のニュースはおさえておく必要があるのではないでしょうか。

誰しも哲学的な問題とは多少ともかかわっており、「哲学」に対する淡い期待はまだ残っている可能性があると思うからです。

したがって、事ここに至っては、不要不急の思考回路は遮断《シャットアウト》して、「全面的解決」とか「根本的解決」とか、あるいは「場当たり的ではない深い哲学的思索によって裏付けられた本当の解決」などという大げさな思考は排除しておかなければなりません。

そのような短絡思考は、私たちが真っ直ぐに個別問題に向かい、具体的で事細かな思考展開によって、現実的解決を図るという態度を馬鹿にしたり、駄目にしたりするからです。

そして、あらゆる哲学が成立しないという事態は、「人間と社会に関する真理と正義の理論はありえない」ことを万人に納得させてくれます。その結果、多種多様な意見の存在と、暫定的な解決策しかない状況をがまん強く耐え抜く心を養成し、それと同時に、「現実的で民主的な態度」と「寛容の精神」を補強する背景ともなってくれるのです。

○けちくさい父権的温情的寛容

⊰ 最近よく聞かれる「異文化の尊重」、「多様性の容認」などの文脈で語られる「寛容の精神」には、温情主義・父権主義・共同体主義・理想主義の匂いが付きまとっています。言い換えると、「上から下への寛容」です。

それに対して本書では、「まったく無原則な日常的寛容」と「不安定な衆愚制民主主義」を手放しで肯定する話をします。つまり、「横から横への寛容」です。

したがって、「哲学の不成立」は本書にとって絶対に必要な前提となるのですが、いずれにしても、古代ギリシアのプラトンから二十世紀のハイデッガーまで、「哲学」は一貫して「民主主義」と「無原則の寛容」の敵であったし、それ以外の一見「平和と民主主義の哲学」も――「隣人愛を標榜する宗教」と同様に――実は非民主主義的であり、非寛容であることを明らかにするのが本書の目的です。

そこで、「《哲学》などというものは死んでしまっている」ことと、「どうして死んでしまったのか」という事情をはっきりと確認しておく必要があります。

○西洋哲学の顛末《てんまつ》　⇕　そのために、今から、西洋哲学が古代ギリシアの地に生まれた頃の事情↓その後千年間ほど成長・発展・老化して死んでしまった経緯↓近世以降に蘇《よみがえ》って、しばらく展開したけれども、またまた死んでしまった理由↓今は蘇《よみがえ》る当てもなく死んだままでいること、

思想 ＝ ものの見方・感じ方・考え方＋生き方
（名付けることはできても、必ずしも言葉で述べられない）
哲学 ＝ 「ものの見方・感じ方・考え方＋生き方」を学問にしたもの
（「思想」を言葉で述べ、そしてそれを学問的に整備したもの）

そしてそれでこそ健全であること、を一般向きに解説してみようと思います。

つまり、ほぼ二千五百年間に生じた二度の**哲学溺死事件**の顚末《てんまつ》をレポートしようとしているわけですが、それは「科学技術・民主主義・資本主義・大衆社会」が人間にとって持つ意味を、少し思いがけない方向から照らし出すためでもあります。

誤解のないように断っておきますが、「哲学」は死んでいますが、「思想」は生きております。

○「哲学」と「思想」の違い ⸗ この区別は厄介ですが、話を単純化するために、「思想」とは《**ものの見方・感じ方・考え方＋生き方**》のことであり、「哲学」とは《**ものの見方・感じ方・考え方＋生き方**》**の学問的体系化**と一応定義しておきましょう。（今後は「＋生き方」の部分はその前の三者の意味の中に含めて省略したり、あるいは「見方・感じ方・考え方・生き方」と略記したりします。）
つまり、「哲学」は学問ですが、「思想」は学問ではありません。したがって、

「思想」は「何々主義」という名前で呼ぶことはできますが、その内容を言葉で述べることは必ずしも可能ではありません。

たとえば「科学主義」という思想はありますが、その内容については、「実証的」、「合理的」、「分析的」、などという言葉をいくら用意しても、定義し切ることは不可能です。

定義し切るためには、たとえば物理学者たちが経験と訓練によって身に付ける「ものの見方・感じ方・考え方」のすべてを言葉で言い当てなければなりませんが、現実にはそれは不可能だからです。その証拠に、あの有名な科学哲学者トーマス・クーンが「パラダイム」（＝ある科学者集団が準拠する共通の作業手順・慣習・枠組・思い込み）という概念を定義しようとして失敗しております。[注2]

それに対して「哲学」の方は原則として「言語によって設定される学問システム」の形をとります。言葉では表現し切れない内容に関わるとしても、その表現し切れない理由とその範囲を言葉で表現します。

それに「思想」は、「哲学」と違って、発展したり変貌したりしません。昔から常にいろいろ種類があって、ただ**はやり廃《すた》り**があるだけです。そのことは、本書を読み進める過程で明らかになってゆきます。

しかも、「思想」はあるタイプの「ものの見方・感じ方・考え方＋生き方」ですから、誰しもそのうちのいくつかは既に身に付けてしまっております。したがって、専門家以外の人でも一気に理解できるものが多く、哲学のように難しくはありません。

そこで、「死に体の哲学」を、その無意味な細部を無視して、「思想」の視点から大まかに分類して**暴力的に**見切ってしまう手が考えられます。

それを今から実行してみますので、「魚をぶつ切りにして鍋《なべ》に放り込む大雑把な漁師料理」を味わうような気持ちで付き合ってください。

B　哲学は死ぬが、思想は死なない

○五×二通りの思想　ここでは話を思いっきり簡単にして、まず五種類の思想とその裏にある五種類の思想、合計十種類の思想を区別しておきます。[注3]

（1）**個人主義**　―　**全体主義**
（2）**科学主義**　―　**神秘主義**
（3）**結果主義**　―　**心情主義**
（4）**真実主義**　―　**ソフトウェアー主義**
（5）**肯定主義**　―　**否定主義**

○個人主義と全体主義 ⇄ これらの主義は、人間なら誰しも持っている傾向から導き出したものですから、難しく考えないでください。

たとえば、「全体主義」と言っても、ヒットラーや共産主義との関連に頭を悩ませたりせずに、自分の中にある考え方と対応させて、自分より家族とか会社を優先させる「見方・感じ方・考え方・生き方」を「**全体主義**」、その逆に自分だけを優先させる時は「**個人主義**」、という程度で理解してください。

そして、個人主義であれ全体主義であれ、人間なら誰しもどちらかの傾向が強いのは当たり前ですが、一生涯全面的に個人主義者になることも、一生涯全面的に全体主義者になることも、共に不可能であることをこの段階で確認しておいてください。

○科学主義と神秘主義 ⇄ この二つの主義についても同様に難しく考えないでください。

最終的にはすべて科学で割り切れてしまうだろうし、結局は科学のみが信用できると考えているなら「**科学主義**」、この世には科学で割り切れないものが絶対にあると考えており、昔からよく言われている宗教的な事柄や、神秘的な事柄は否定できないと本気で考えているなら「**神秘主義**」となります。

ただし、人間なら誰しも、全面的に科学主義者になることも、逆に全面的に神秘主義者になることもできないことを、ここでも確認しておいてください。

たとえば、科学を研究している最中の研究者、電気製品を信頼して使用している最中の一般人、あるいは外科手術の効果を心底期待している患者などは、その時は紛れもなく科学主義的です。たとえその当人が神秘主義者であっても、その時だけは少なくとも科学主義的である、ということになります。

しかし、研究をしても、修理をしても、手術をしてもうまく行かない時、「所詮科学では割り切れない問題もある」とか、「代替医療」とか、「神仏信仰」などに頼る時は神秘主義的ということになります。

また、「いのち」、「魂」、「大いなる自然」、さらには「生きていることの不思議」や「人生の不可解さ」という言葉に重大な意味を込めて使用される場合も、ここでは「神秘主義」の仲間ということになります。

つまり、「科学主義でもないけど、神秘主義でもない」という微妙な立場はありえますが、ここでは、味も素っ気もない単純な「科学主義」の立場と、それ以外のすべての立場を単純に二分するために導入された用語法ですから、そのような微妙な言い回しは排除することにします。

実際、どんな神秘主義者も、味も素っ気もない純粋な「科学主義的な見方・感じ方・考え方」になっている瞬間はあるはずですし、どんな科学者でも、科学理論や人生について「何とも言えない」という不思議な印象を持つ時もあるはずです。その種の生活態度の違いを鮮明にするために、名前を付けて区別しているだけのことです。

つまり、口で主張していることや、頭で考えていることではなく、生活感覚や生活態度の違いがここでは問題なのです。（したがって、「直観主義」、「非合理主義」、「不可知主義」、そして「反-科学主義」もすべて神秘主義の仲間に入りますが、要するに、あまり難しく考えないというのが本書の基本的戦略です。）

○結果主義と心情主義　私たちは、「なんだかんだと言っても、結局は《結果》しか意味がない。それでどれくらい得するのか、それでどれだけ幸せになるのかが問題だ」と考えている時がありま す。その時は「結果主義者」ということになります。そして実際には、実利優先主義者だったり、幸福主義者だったりするわけです。

逆に、「結果はどうあれ、気持ちですよ」とか、「やはり筋は通しておかないと」とか、「たとえいろいろと具合の悪いことがあっても、やはり伝統は大事ですよ」などと言う時には私たちは「心情主義者」ということになります。

「気持ち」とか「こだわり」とか「心情」を最優先する立場だから、そう呼ぶのです。そして、具体的には「伝統主義者」だったり、「義理人情主義者」だったり、「右翼」や「原理主義者」だったりするわけです。

要するに、この程度の日常語感覚で気楽に扱える言葉として、ここで言う「何々主義」を理解していただければ十分です。

というわけで、ここまでの話は単純ですが、ここから先は少し説明の必要があります。

○真実主義とソフトウェアー主義

コンピューター時代ですから、「ソフトウェアー」という言葉はもうお馴染みのはずです。ハードウェアーとしてのコンピューター機器は、表計算とかゲームなどのソフトウェアーを入れて初めて、それなりの機能を果たすものです。

同様に、私たち人間も、「生体」というハードウェアーに言語とか習慣、あるいは文化とか思い込み、などのソフトウェアーを組み込んで初めて、ものを見たり、感じたり、考えたりできるようになる、と考えてみることができます。

もちろん、このような見方は**比喩**ですが、しかし人間のある側面を分かりやすく照らし出すのに役立ちます。

たとえば、人間によって、民族によって、あるいは立場によって、「ものの見方」や「考え方」が根本的に違うのはよくあることですが、それはそれぞれの人間が、「ものの見方・感じ方・考え方」に関して別種のソフトウェアーを組み込んでいるからだ、と考えることができます。

そうすると、ソフトウェアー全体を入れ替えずに、表面上の、あるいは言葉上の修正をしても対立はなかなか解消できないのも当然である、と納得できたりします。つまり、ソフトウェアー主義的考え方をすると、寛大になったりする場合もあるわけです。

その上に、「人間の考えることのすべてに何かのソフトウェアーが関係している」とまで考えて、それぞれの人間がそれぞれのソフトウェアーに従って、ものを見たり考えたりしているのであるから、「この世には《絶対的なもの》は一切ない」とまで極言すれば、いわゆる「相対主義」になるわけです。

つまり「相対主義」は、ソフトウェアーの違いを意識することによって出てくる極端な立場の一つであり、ソフトウェアー主義の一形態ということになります。

そして、自分自身もまた何らかのソフトウェアーによって物事を見たり考えたりしていることに気付くと、自分でも自分が信じられなくなり、疑い深くなって「懐疑主義」へ、あるいは「結局は

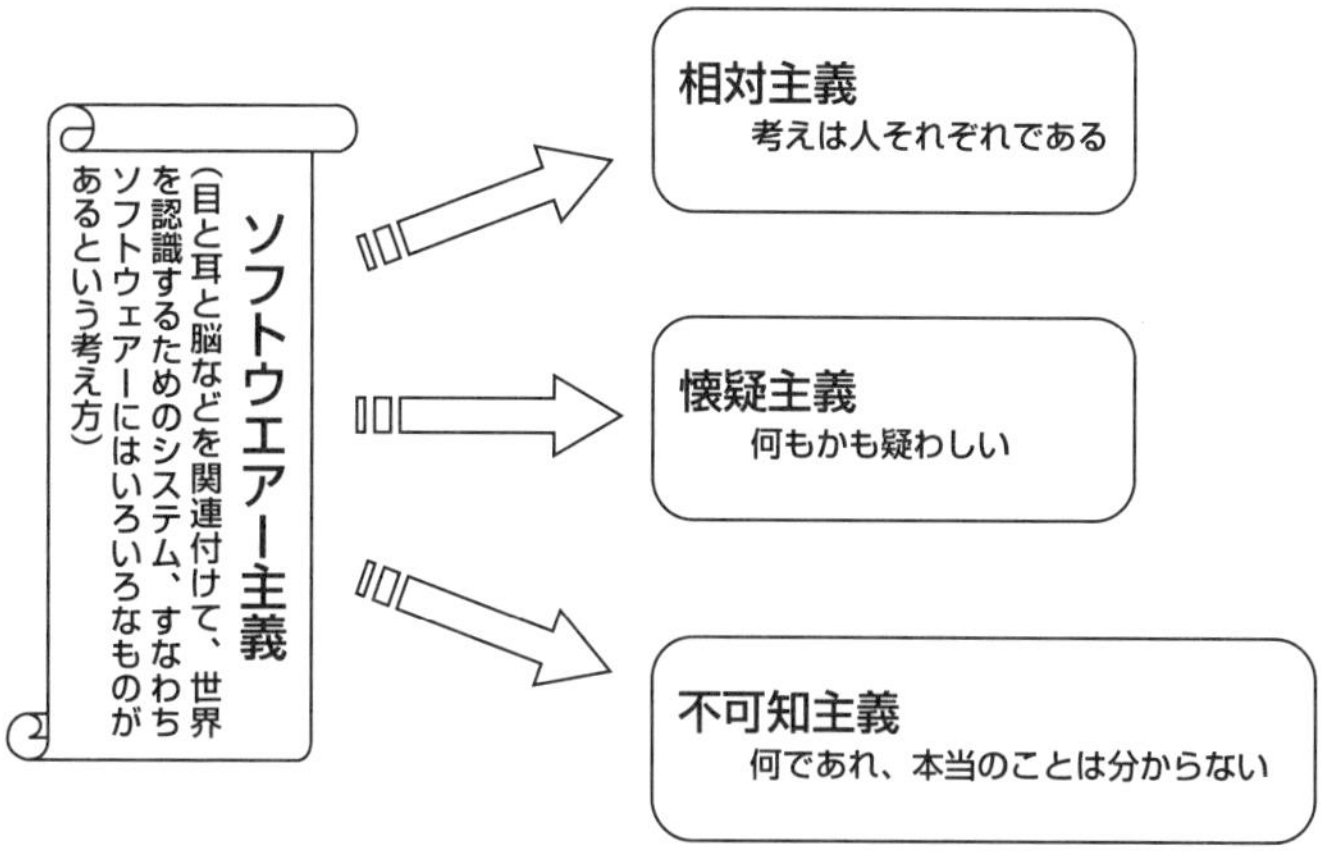

鶏の声は言語（ソフトウェアー）によって聞こえ方が異なる

何もかも本当のことは分からない」という「不可知論」にも陥るわけです。

このようにして、ソフトウェアー主義のせいで、相対主義、懐疑主義、不可知論に陥ることがあります。（前ページ図参照）

そして、そういう場合には何もかも当てにならないわけですから、白けたり、ふてくされたり、不安になったりすることもあります。

すると、それへの反動として一気に「絶対主義」へと飛躍し、何らかの宗教的・哲学的・政治的・科学的教説を「絶対的真実」と決め付け、それを最も価値あるものとして、自らの生活のよりどころにしてしまう場合があります。

そのような形で生活意識の根幹に絡《から》み付いてしまった絶対主義をここでは「**真実主義**」と呼ぶことにします。

たとえば、宗教者や右翼、あるいは「真理」とか「人の道」とかを強烈に押し出す人たちがそうですが、この手の人たちは「それぞれの絶対」を、生活のあらゆる側面に――全面的かつ根本的に――押し付けてくるので見分けるのは簡単です。

しかし、次のペアを見分けるのは簡単ではありません。

○肯定主義と否定主義

⇕　この最後のペアが一番説明しにくいのですが、それは私たちが少しひねくれてしまっているからです。

たとえば、ボクシング選手になりたいと言う息子が親に反対されているケースを思い浮かべてください。

「そんなバカな夢は捨てなさい。苦労するだけだし、老後は後遺症で悲惨な人生になってしまうぞ」とお説教する親を振り切り、努力に努力を重ね、結局はチャンピオンになったとしましょう。

しかし、やはり老後はお金もなく、後遺症で病気がちになったのです……どうでしょう?……皆さんはその人を見て、やはり親が正しかったと言うのでしょうか?

何とも言えない複雑な気持ちになるだけなら、それはそれで今は問題とはなりませんが、「やっぱり、親の言うとおりだった」と確信を持って言える人は否定主義者です。人間それぞれの生き方を「結果」によって判断し、否定しているからそう呼ぶのです。

もう一つの例として、白魚の踊り食いや、魚介類の残酷焼きを出された場合を考えてみましょう。その時、ただ新鮮で美味しいと感じただけなら、それもまた、ここでは問題になりません。

しかし、のたうつ海老を可哀そうに思ったり、白魚の踊り食いの時、口の中で蠢《うごめ》く白魚を歯で噛み切るのに躊躇《ちゅうちょ》を感じたり、噛みくだいたけれども、味わう余裕もなく、あわてて飲み込んでしまった場合は「否定主義的」ということになります。結局それは、雑食動物としての自分を自分で否定していることになるからです。

そしてまた、人間のそういう中途半端な部分を嫌悪して、それを否定すれば、やっぱりそれも否定主義者ということになります。自分の中にある否定的部分もやはりそのまま認めて受け入れなければ仕方ありません。気持ち悪いものはやはり気持ちが悪いし、可哀そうなものはやはり可哀そうですから、仕方がありません。

問題は、人間はどうせいろいろな矛盾する面を持っているということです。通常、それら矛盾する両面を意識することなく、快適に生活が成立している場合は良いのですが、何か不都合な状況で、その両面が分離して意識され、その一方を否定ないし抑圧する時、否定主義が成り立つのです。

つまり、否定主義者は「人間のどうにもならない部分」を、言い換えれば「度し難いハードな部分」を受け入れないから、「否定主義者」と呼ばれるのです。

とは言っても、そのような否定や抑圧は誰にでもあることですから、否定主義だから良いとか悪いとか言っているわけではありません。ただ、このような二つのタイプの「生き方・感じ方・考え方」を区別しているだけです。

**すなわち「肯定主義」とは、人間には不純な部分も純粋な部分も、理屈に合う部分も合わない部

分も、優しい部分も残忍な部分もあって、そしてそれもいろいろな種類があって、そのどれも否定できないということを認める「見方・感じ方・考え方・生き方」です。つまり、人間の「両面性」と「多様性」、さらには「非合理性」を丸ごと認めて、それらを解放する立場です。

したがって、「人間は結局利己的である」と決め付ける人も、「人間は生来利他的である」と決め付ける人も、どちらも否定主義者ですし、「人間本来の正しいあり方」などと言いたがる人も否定主義者です。

それに対して、「人間は場合によって利己的でも利他的でもありうる」と主張するのが肯定主義です。そして、「人間は理屈の通る場合と理屈の通らない場合とがある」ことを、つまり矛盾と非合理性を認めるのも肯定主義です。

さらに付け足しておけば、「**人間は進化も退化も、適応も不適応もする——つまり、可塑《かさく》性**（＝**あらゆる方向への柔軟な適応可能性**）がある——上に、要するに**《訳の分からない存在》**なので、**《人間本来の有り様《よう》》などというものは幻であり、あらゆる方向に可能性は開けており、したがって、可能な限りあらゆる方向に人間を解放しておかなければならない**」という立場が肯定主義です。

ただし、人間をあらゆる方向に解放すると言っても、もちろん時と場合とケースに合わせて、それらの解放はコントロールされなければなりません。野放図に解放すれば大変です。家庭生活、職業活動、チームワークなどが成り立たなくなります。

それは当たり前のことですが、その際にそれぞれの活動に必要な部分だけを認めて、それ以外の部分がないかのごとく、あるいは完全におさえ込んで抹消してしまえるかのような「見方・感じ方・考え方・生き方」になってしまうことがあります。それをここでは「**否定主義**」と呼んでいるのです。

この「肯定主義」と「否定主義」は、今までの他の主義とは違って少し難しいところがあります。それは、私たち現代人が通常持っている思い込みのせいです。そこで、もう少し説明を続けてみます。

○金持ちは不幸？——美人は薄命？

「やはり、人間は若くて、見目麗《みめうるわ》しく、健康で、性格が良く、その上にお金と良い仕事があれば幸福である」と真っ直ぐに思っているならば、その人は肯定主義的です。

しかし、「むしろ何もかも揃うと、かえって不幸になるはずだ」とか、「幸せは、そんなものとはまったく関係ない。心の持ち方ひとつで決まるのだ」とか、さらには「所詮、この世には完全な幸福というものはありえない」とまで言うなら、その人は否定主義者ということになります。

それだけではありません。たとえば、「そんなに何もかも揃うはずがない」とか、「そんなに何もかも揃わなくたって十分に幸せになれるよ」と言うだけでも、ここでは否定主義的ということになります。

この辺りはきっと、皆さんは分かりにくいと感じるかもしれません。また、人によっては、「違う」とか、「おかしい」とか言って反対されると思います。

がしかし、この点は重要ですので、納得のゆくまでシッカリと考えていただきたいと思います。すなわち、私たちは「金持ちは得《え》てして不幸である」とか、「美人やハンサム男は、情が薄く、本当の意味での《愛》や《幸福》に縁がないのだ」とか、「苦労して、あるいは病気をして初めて、生きていることの本当の意味が分かった」とか、「不幸を知ってこそ本当の意味での幸福が分かるのだ」などという社会通念に、あまりにもどっぷりと浸かり切っているので、否定主義的な考え方が否定的に感じられないのです。

そのような考え方は確かに人間のある側面をとらえていて、時には正当なものですが、全面的に正しい幸福観であるかのごとく主張される時には不当なものとなります。

いずれにしても、約二千五百年間の西洋哲学史全体を見渡して、その上に「《現代》というものの正体」を見極めるためには、その種の屈折した先入観念は一旦はずして、素直な気持ちになっていただかなければなりません。

すなわち、「人間は、若くて健康で格好よく、その上に頭も性格も良くて、良い仕事とお金があれば、やはり幸せだ」いうことを、無条件にあっさりと認めることがあっても良いはずです。

また、普通の顔の金メダリストや作家にはつれないくせに、美形の金メダリストや作家には大騒ぎするほとんどの人々が、美的には普通ないし普通以下の人たちであるという事実も――つまり、自分で自分自身を否定しているという事実も――無条件にあっさりと認めることがあっても良いはずです。（それが大衆社会の現実というものです。）

それに何か条件を付けたり、必ず不平・不満を感じるとすれば、それは人間の素直なあり方の一つを否定しており、否定主義的であると言っているのです。

ここまで言っても、なかなか納得しにくい話になっていると思いますが、これから何度もこの二つの主義を問題にしますので、今はこれくらいにして、差し当たり二千五百年間の時間旅行のための旅支度は整ったことにしましょう。

さあー、十種の「何々主義」で、西洋哲学の顚末《てんまつ》を見物し、「思想」と「哲学」の全体像を見切ってしまいましょう。そして、それを根拠にして「現代大衆社会」の正体を見届けましょう。

それは決して難しくありません。なぜなら、これから披露する内容は、哲学などにはまったく興味のない最近の大学生を相手に、何とか解りやすくて興味の持てる講義にしようとして、永年苦労しているうちに出来上がったものだからです。

二章　「哲学」と「科学」と「民主主義」の発生と衰退

A 「民主主義」と「科学理論」と「学問的哲学」が同時に誕生した

○現代文明の先祖は古代ギリシア文明? 私たちの目から見て、ハッキリと「民主主義」と呼べる高度な政治制度と市民生活、現代科学の視点で「間違いなく科学の初期形態」と言える知的活動、専門家のセンスで「深遠で学問的な哲学」と認定できるシステムが、不思議なことに、今から二千五百年ほど前の古代ギリシアの国々には揃っていました。しかも、不思議なことに、そんな現代的なものが揃って存在する社会は、エジプトや中国など、他のどんな古代文明の中にもまったくありませんでした。

そうすると当然、「そんな昔に、そんな現代的なものが、どうして古代ギリシアの国々だけに揃っていたのか?」、あるいは「古代ギリシア人とはどんな考え方・感じ方を持っていたのか?」という疑問がわいてきます。

それにはもっともらしい説明がいくつもあります。しかしそれらの説明には、よく考えると変だったり、根拠不十分だったりして、結局決定的なものはないようです。

したがって結局は、「古代ギリシア人」も「古代ギリシア文明」も一種の奇跡であり、ミステリーであるということになります。

奇跡であり、ミステリーではありますが、「民主主義」と「科学」と「哲学」に関して、その原型・問題・矛盾・葛藤・理想のすべてをギリシア文明の中に見つけ出すことはできます。

それは現代人側からの勝手な読み込みではないか、という批判は当然ありますが[注4]、しかしギリシア文明以外にそのような読み込みのできる文明は存在しません。

つまり、「私たち現代人は皆、《民主主義的市民》と《科学的活動》と《学問的哲学理論》に関してギリシア的である」と言えないこともないのです。あるいは「現代の《科学的民主的市民文明》は古代ギリシア文明の直系の子孫である」と言えないこともないのです。

そこで、今から展開するギリシア文明史の一側面は、そのような読み込み作業ではありますが、それは私たちが「現代大衆社会」の正体を全体的に一気に把握するために必要な準備作業ですので、差し当たりはその意味で了承してください。

B　異様で生々しいギリシア神話

○ギリシア暗黒時代——戦争、略奪、移住、天変地異？　今から三千二百年くらい前のことです。青銅器時代から鉄器時代に移る頃、地中海の東の方一帯の遺跡において、広大な破壊と焼き討ちの痕跡があります。

考古学的調査の結果、それ以後の時期は、ほとんど三、四百年にわたって文明の衰退期が確認されています。人口も農業生産も工芸品の出土も大幅に減少し、中央集権的国家も消滅した時期だったようです。それは「ギリシア暗黒時代」と呼ばれています。

その間にあったのは、「戦争」と「略奪」と「移住」、あるいは「天変地異」であったろうと想像されますが、確かなことは分かりません。しかし、そのような破壊の後に、忽然《こつぜん》と、中国、インド、エジプト、メソポタミア、さらにはミノア、ミケーネなど、いかなる古代文明とも似ていない異質な文明が現れます。それは現代文明に奇妙なほど直結する「科学的かつ民主的な市民文明」です。今から二千五、六百年くらい前のことです。

なぜ、そのような暗黒時代が「市民的・科学的・民主主義的文明」を用意したのか？――「海上交通」、「植民活動」、「民族と文化の混交」、「貿易の発達」など、いろいろと考えられますが、ここでは一つの手掛かりとして「神話」を取り上げたいと思います。盲目の詩人ホメロスたちによって伝えられた、と言われている「ギリシア神話」のことです。それは今から二千七百年くらい前に明確な形になったようです。

○ギリシア神話は当時の文学小説である

三千数百年前には既に、エジプトやメソポタミアの古代文明に匹敵する文明（ミケーネ文明）を持っていたはずの古代ギリシアの**文明人たち**が、この世に生まれてきて人間が経験しうる過酷な試練のすべてと、そして文明の衰退を、鮮烈な形で体験したのが暗黒時代であったはずです。

そしてその後に、再度文明化の過程を辿りながら、昔からの神話や伝聞を再解釈・再構築したのがギリシア神話だったようです。それも、「暗黒時代」という過酷な試練を経由した文明人のセンスで――しかも相当な文学的才能に恵まれた人によって――大成されたものが「ギリシア神話」

だったようです。

だとすると、それは現代人にとっての文学小説みたいなものであり、私たちが世界各地の神話や、あるいは日本の神話に接する時のような、素朴で奇異な、そしてよそよそしい物語ではなかったことになります。

つまり、当時のギリシア人にとって、「ギリシア神話」は人間の真実を生々しく伝える魅力的な文学的作品だったわけであり、そのために、ほとんどのギリシア人はそれを丸暗記して共通教養とし、それをいろいろにアレンジして、演劇や彫刻などを発達させていたのです。

いずれにしても、ギリシア人の人格形成にギリシア神話が多大の影響を与えていたことだけは間違いありません。

○行動と冒険の民族

ギリシア人は非常に気性が激しく、行動と冒険の民族であったようです。

したがって、平和や安定よりも、戦争、競争、冒険、さらには艱難辛苦《かんなんしんく》を好み、自分自身が静かな生活を営めないばかりでなく、他人が静かな生活を営むことも許せないタイプの人たちだったようです。

そんなギリシア人に、この「多神教の神話」は、神々の、英雄の、そして人間の**両面性**と**多様性**

と**非合理性**を、そして**運命の苛酷さ**を露骨に吹き込んだわけです。

したがってその神話は、現代の高学歴青年が文学書や哲学書を読んで「弱々しい斜にかまえたインテリ青年」になるのとは、まったく違う人間を作り出していたはずです。つまり、気性の激しい「肯定主義的行動人」を相当数生み出していたはずです。では、その神話はどんな内容だったのでしょうか。

○否定主義的洗脳　⇕　多分、現代人がこの神話を読むと、神話らしくないとか、海賊かヤクザの抗争史のようだと言いそうです。

虐殺、嫉妬、苛《いじ》め、強姦、嘘、不倫、親族殺人など、何でもありです。とても、普通の人間の、ましてや普通の神様の行状ではありえない、と感じてしまいます。

しかしそれは、ひとえに現代人が否定主義的洗脳を受けてしまっているからです。つまり、私たちの言う「普通の人間」とか「普通の神様」というのは否定主義的イメージなのです。そのことを次に説明してみましょう。

○「立派さ」と「思いやり」　⇕　まず、「思いやりのない立派な人」というものを想像してみてください。一瞬、「エッ」と戸惑う人は否定主義的思い込みが強いのかもしれません。

家来には冷酷でも、智慧と工夫と勇気で国を守った将軍は立派ではないでしょうか。家族を犠牲にして、優《すぐ》れた小説や芸術作品を残した人は立派な人ではないでしょうか。がむしゃらに成り上がった政治家や、オリンピックの金メダリストはどうでしょう？

そんなのは立派ではないと言うのでしょうか。それとも、彼らは、心の深いところで最終的には思いやりのある人に違いない、とでも言うのでしょうか？

そして、その人たちが心底冷酷な人間なら、彼らは立派に見えるだけで本当は立派な人ではないと否定するのでしょうか？

答を言いましょう。要するに、「立派さ」と「思いやり」とは、本来はまったく関係がないのですが、あるように思えてしまう人は、否定主義的洗脳を受けているせいです。それを次節で説明してみましょう。

○希望的投影 神様や英雄に、何らかの畏怖《いふ》を感じるのは自然なことですが、それに「思いやり」や「清潔で理想的性格」を付加するのは、私たちのご都合主義であり、希望的投影でしかありません。

現実世界では、そんな「理想的人格者」などありえないわけですから、非現実的な神様や英雄に「理想的人格」を投影して、それが「普通の神様」や「英雄らしい英雄」という形になり、否定主義的イメージとして希望的に固定しているのです。

そして、現実の「ヒーロー」や「傑出《けっしゅつ》した立派な人」にも、「完全な清潔さ」とか「人類全般への思いやり」などという「ありえない理想」を要求してしまうのです。

戦争や政治をしながら、女にも惚れ込んでいる神様、英雄、政治家を思い浮かべてください。そういう人たちに「人類全般への思いやり」を要求するのは、肉や魚を食べながら「生き物全般への思いやり」の話をするのと同じです。

「非現実的な神様」に対してさえ、そんな「非現実的なこと」を要求しないのがギリシア神話なのです。つまり、欲望のままに、インチキ、強姦、妬《ねた》み、ふて腐れ、苛《いじ》め、さらには残虐行為をしても、神は神、立派な人は立派な人なのです。そこが私たち現代人とは違うところなのです。

○無理にでも、苦労や病気をしてみたい？〜 その上に私たちは、人生の苦労を乗り越えてこそ本当の幸せが味わえるとか、死を本気で前提にして初めて「生」の意味が分かるとか、若くて見目《みめ》麗《うるわ》しく、健康でお金があるというだけでは、必ずしも幸せになれない、などと複雑で屈折した（否定主義的）思考習慣が身についてしまっています。そのせいで、現実を真っ直ぐに見ることができなくなっているのです。

また、「人間にとって幸福こそ一番大事なものであり、誰でも例外なく幸福になりたいと思って生きているのである」と考えている人も、現実を真っ直ぐに見ていない否定主義者ということになります。

思い出してください。ひょっとして若い時、病気になってみたいとか、とんでもない苦労をしてみたい、と血迷ったことはなかったでしょうか？

あるいは、何かで意地を張って思いっきり損をしたり、義理に絡《から》んでやむをえず苦労してしまったことはないでしょうか？

何年間も、経済的時間的に面倒な子供の養育や、寝たきりの親の介護で自分の人生を犠牲にしてしまったと感じたことはないでしょうか？

その場合、人間誰しも自分の幸福を一番大事と考えているなら、何とかして――世間も親戚も無視して――子供の世話や、親の介護を放棄すべきだったのではないでしょうか？

多分、自分の幸福よりも大事なもの――たとえば、心の奥底の声、永年培った親子関係、義理、責任、愛情、世間の評判など――があるから、そうできなかったのではないでしょうか？

同様に、昔からの偉人、賢人、英雄は皆と言っても良いくらい「自分の幸福」など無視して生き切ったのではないでしょうか？　あるいは、妥協も安楽も出世も無視して潔く死んで行ったのは、ただの馬鹿げたこだわりだったのでしょうか？

いずれにしても、「幸福主義」は人間の一面にすぎず、活力に満ちた冒険心、止むにやまれぬ義務感、どうしようもない気持ちの動きを否定しているので、否定主義の一種であり、逃避的で、どこか萎縮した考え方です。

当たり前のことですが、人間にとって自分の幸福は必ずしも一番重要なものではないし、また、後に悲惨な人生が待っていていても、スリルのある冒険的人生の方が有意義であるという可能性も否定できません。

とにかくこの手の問題に関して、万人に当てはまる答などあるはずがありません。正に、人それぞれであり、個別の事例に即して自分で主体的に判断するしかない問題です。

それにもかかわらず、人生に関して、数学みたいに一般解を求めるから非現実的な否定主義の答――たとえば「幸福主義（＝人間はすべて幸福を求めて生きている）」や「利己主義（＝人間は結局自分のためになることしかしない）」――を本当の答だと勘違いしてしまうのです。そして、そういう人は生きる勢いが弱っている可能性があります。なぜなら、「勢いよく生きる」ということは、場合によっては自分の幸福や安定を無視し、自己の不利益をも覚悟の上で生き切ることだからです。

○素直に事柄を見る

また、若くて、健康で、見目麗しく、その上に頭も性格も良くて、さらには良い仕事とかなりのお金がある人が、何か良いことがあって、「自分は幸せである」と言っている時の「幸せ度数」は一〇〇パーセントである、ということです。したがってそれは、人生の苦労を乗り越えて初めて手に入れる「幸せ度数」に劣ることはありえないし、むしろそんな老人的幸せより上である可能性は素直に認めなければならない、ということです。

たとえ不都合なものであっても、事柄を素直に見るということはそういうことです。

そして最後に、「世の中には、どうにかなることと、どうにもならないもの（＝運命）がある」という当たり前のことも認めれば、ギリシア神話の世界を受け入れる準備が整います。それは、一言で言えば「肯定主義の世界」です。

つまり、偉人、賢人、英雄、そして神様さえも、思いやりと冷酷さ、利己主義と利他主義、清純さと猥雑さ、理屈に合う部分と合わない部分の両面を持っていて当たり前であり、そのどちらかの面が強過ぎるのは、むしろ不自然で、必ず罰《ばち》があたる、という考え方です。そして、その方が人間として**素直で、元気に満ちた考え方**である、ということです。

このように素直で、元気に満ちたものが「ギリシア神話の世界」であり、そのような神話をほとんどのギリシア市民は丸暗記していて、日々の生活意識を構築していたのです。一言で言えば、**「現実と人間を丸ごと肯定する傾向」**が古代ギリシア世界の特徴的一側面であった、と言えそうなのです。

「清純の女神アルテミス」と「情欲の女神アフロディテ」が、そして「光と理性の神アポロ」と「闇と非合理の神ディオニュソス」が、同時に、あるいは季節がわりに、崇拝される**多神教**の世界です。そして、神々の多様性と両面性を何か筋の通った理屈で解釈したり、つじつまを合わせたりせず、そのまま受け入れる神経の太い「見方・感じ方・考え方」です。

端的に言えば、人間・人生・世界に関して、**両面性**と**多様性**と**非合理性**を丸のみする思想です。それが「肯定主義の世界」であり、ギリシア文明をその視点から見ると解りやすくなる、とここでは主張しているわけです。注5

C　物資と情報が大量に交流する新興都市集団の発生

○植民地国家群　そんな民族が戦争、略奪、移住の数百年を経由しているうちに、地中海から黒海の沿岸部に何百何千という独立国家を形成し、そのうちの一部は貿易などで大いに繁栄し、そのまた一部において「哲学」と「科学」と「民主主義」が発生し、広がって行ったのです。どうしてなのでしょう?

「民主主義」が発達した一番大きな理由は、多分、それらの国々が、軍事的にも生活的にも非常に厳しい「移住民たちの生活共同体」であった、ということでしょう。それと同時に、彼らは「戦闘員の集団」でもあった、ということではないでしょうか。

おそらく、最初は数十人か数百人レベルで移住して行ったのです。その集団が、自分と自分の家族、そして集団全体の生活を作り上げて、異国の地でそれを守らなければならなかったのです。

そのような場合、個人プレーではどうにもならないわけですから、貴族であれ、平民であれ、皆かけがえのない働き手であり、味方であり、戦闘員であったはずです。そのせいで、対等意識が芽生えた可能性が考えられます。（当時の「密集隊戦法」という連携プレイが対等意識を芽生えさせたという説もあります。）

また、貿易をはじめとする貨幣経済と商業の発達で、生まれや血筋よりも、農地や特産品を開発する能力があるかどうか、あるいはお金を持っているかどうか、などが重要になったということもあるでしょう。（当時、貨幣経済がかなり発達していました。）

さらには、アメリカのように、もともとは移住者の集まりであり、本国から独立した植民地国家であったので、昔からの家柄とか血筋はあまり問題にならなかったということもあるかもしれません。

○民主的情報化社会　⁑　その上に、それらの植民地国家群は、皆ギリシア語を話す同一民族ですから、人的・文化的・商業的交流は相当に頻繁であったようです。

特に、その交通の量と頻度を促進したのは、彼らが基本的には穏やかなエーゲ海を中心とする「海の民族」であったせいでしょう。

その点では、基本的には「川と陸地の民」であった中国・インド・メソポタミア・エジプトの古代文明とは違っていたはずです。つまり、「線」ではなく「面」の上を大量の物資と人間があらゆる方向から交差して行き交っていたのです。

そしてまた、周辺のオリエントやエジプトには巨大な先進文明帝国があり、その上に黒海沿岸部やヨーロッパ各地には種々雑多な異民族が居住していて、友好的あるいは敵対的交流が行なわれていたのです。それだけではなく、当時すでにかなりコスモポリタン的（国際人的・世界市民的）な社会であったことを立証しようとするM・バナール著『黒いアテナ』（金井和子訳、藤原書店）のような研究もあります。

したがって、当時のギリシアの都市国家群は、かなりの情報化社会であり、農民ですら、都市中心部にしょっちゅう出かけて情報収集し、他国のオリーブや葡萄の相場に通じていた、と言われています。

その点では、当時のバビロニアやインド、あるいは中国の農民のように、都市に住む権力者に収穫物を税金として吸い上げられるだけの田舎者ではなかったのです。実際ギリシア人は、バビロニアやエジプトの貴族・平民に対して、「彼らは半分奴隷みたいなものだ」と言って軽蔑しておりました。

その上に、彼らギリシア人は気性が激しく、静かにしていることのできないタイプの人間で、自主独立の気風も強く、その上にあの英雄的貴族的肯定主義の神話を丸暗記している民族だったのです。

彼らには旺盛な冒険心と知識欲、それに独立開拓農民としての自由の尊重、個人主義的傾向、さらに国際的情報都市、という条件が揃っていたのです。言わば、アメリカ的新世界にも似ているわけですから、そこから「哲学」と「科学」と「民主主義」が発生したとしても、そんなには不思議ではないと思えます。

○市民意識の昂進 ⸺ ペリクレス（当時の第一級の政治家）の演説などを参考にして、古代ギリシアの一般市民の民主主義的意識のあり方を見てみますと、本当に驚くほど今の私たちに瓜二つです。

まず、**法治体制の確立**、**能力主義と自由競争原理の承認**、**自由と理性の尊重**、**平等と公平の実現**、**プライバシーの尊重**、**学問と教育の重要性**、**学校教育の普及**、**外国人への国土の解放**、**情報公開**、**演劇・スポーツ・お祭りなどによる生活のゆとり**、**冒険心の推奨**、**孤児などに対するセイフティー・ネットの整備**、などがハッキリと意識され、主張されていました。注6

なぜこんなにも現代的市民意識が古代ギリシアにおいて育まれていたのでしょうか?——この理由が明らかになると、その裏側で「現代社会」の全体的様相も自動的に明らかになります。それが本書の狙いです。

D　科学も哲学も民主制も「猥雑な国際商業都市」の生まれである

○一般市民から有名人が現れる ⇒ そのような民主主義的な社会状況が出現する頃に、諸国を遍歴してきて、いろいろな知識と技術を身に付けた一人の人間が、「万物の根源は水である」と言い出した場面を想像してください。

多分彼は、バビロニアかエジプトの神話や知識を参考にして、それを自分なりにアレンジし、そして観測データや合理的根拠なども添えて、世界全体の様子を根源的に説明しようとしたのです。人々は、驚くと同時に、そこに非常に新鮮なものを感じたはずです。そして、眉に唾を付けながらも面白がったであろうことは想像できます。

実は当時、奇抜な知識をひけらかして人々を驚かし、そのような民主的市民社会で有名になろうとする傾向が人々の間にあった、とヘロドトスが証言しています。[注7]

ヘロドトスは歴史家であり、旅行家であり、「万物の根源は水である」と主張した人と同じイオニア地方の出身であり、ほとんど同時代人ですから、これは確かな証言です。

そうすると、その点では、現代人もまったく同じなので、そんな説が次々と現れてくる当時の事情を想像するのはそんなに難しくありません。

それは多分、現代において皆さんが、「宇宙が膨張している」とか、「あらゆるものを吸い込んでゆくブラックホールというものがある」という天体物理学の理論を新聞で読んで、「へぇーっ」と面白がるのと似た感じだと思います。（皆さんの想像力を鼓舞《こぶ》するために、当時イオニア地方のどこかで繁栄していたであろう国際商業都市の想像図を前ページに挿入しておきました。参考にしてください。）

○ターレスという名の商人階級の人　実は、「万物の根源は水である」と主張したのは、ターレスという「旅行家・科学者・数学者・政治家・土木技術者」であり、その上に彼は、フェニキア人か、混血か、いずれにしても純粋なギリシア人ではなかったかもしれない人です。彼は貴族階級の出身者ではなく、商人階級の人であったということです。（私には、ターレスが「外国人かもしれない人」で、「商人階級」であったということは重要に思えます。）

ここで、最近翻訳された本から、ターレスが生まれ育ったミレトスという都市国家についての記述を引用してみましょう。

何百という姉妹都市や友好都市と密接な交流のあったこの貿易都市は非常に繁栄しており、驚いたことに、セックスビジネスでも有名であったことを指摘したところで次のように述べています。

なにしろミレトスは、詰め物をした革製の女性用の性具の産地として知られていたのだから。ターレスがそういう品物を商っていたのか、あるいは塩魚や羊毛、その他のミレトス名物を扱っていたのかわからないが、ともかく彼は裕福な商人で、好きなことに金を使い、引退してからは研究や旅行にいそしんだ。（レナード・ムロディナウ著『ユークリッドの窓』青木薫訳、NHK出版、二一〇頁）

まるで、現代社会にも通じる「猥雑な商業社会」の住人であったようですから、ターレスもミレトスの人々も、多分私たちにとって想像を絶するほどの意識構造を持った古代人ではなかったのではないかと思います。

いずれにしても、ターレスは当時一級の万能人間であり、有名人であったことは間違いありません。そんな人の唱えた説ですから、眉唾物だと思った人もたくさん居たと同時に、真剣に受け止めた人も多かったはずです。

そこで、よく話を聞いてみれば、水が気体、液体、固体へと不思議な変化をすること、種子が水をかけると発芽すること、水によって山や海岸の地形が変化すること、地震は世界を支えている水が揺れることによって発生するなど、聞けば聞くほど、納得のゆくものばかりです。

そして、その上に「生命が一般に水によって養われているように、宇宙全体も水によって養われている」というような壮大な着想には圧倒されると同時に、感服したり、感動したりした人たちも大勢居たはずです。

○いろいろな人がいろいろな主張をする

神話による「世界の現象」の説明は、当時の人々も既にバカバカしいと感じていたので、ターレスの説明の方が、むしろ「らしい」と感じたようです。そして、そんなターレスの説に感銘を受けた人たちの間で、大いに議論がなされました。そして、次々といろいろな説が出てきます――そういう雰囲気の社会だったのです。

たとえば、万物の根源は水のような具体的なものではなく、何か得体のしれない「根源的なもの」があって、「そこから事物が無限にあふれてくる」と主張する人が現れたりしました。

また別の人は、その根源的なものは「空気」ではないかと主張し、その「空気」が薄まったり、濃縮したりすることによって、火、水、土、石など、すべてのものが出来上がる、と言うのです。

つまり、あらゆるものの発生を、一切神秘的なものに頼らず、ある一つのものの濃縮度合いの違いだけで説明しようとしたのですが、その態度は現代物理学においても基本的に同じですから、「科学的な説」だと言えると思います。

ただ、初歩的で、あまりにもちゃちな科学理論ということになるでしょう。がしかし、科学的な理論であることには間違いありません。

たとえば、化石などによって、古代の生物なども研究されていたようです。そして、人類は魚類から進化したとか、大地は丸い形をしており、太陽は燃える火であり、月は土で出来ており、太陽に照らされて光っている、などと主張されておりました。

○科学主義的活動の伝統　⟷　実際、現代科学に通じるような科学的な態度（組織的観察と実験によって知識を積み上げて行く知的習慣）は、当時、広範囲に育まれていたようです。

たとえば、当時のお医者さんたちのあるグループは、病気に関する昔からの言い伝えによる症状判断も、あるいは神がかり的、呪術的、迷信的な療法も一切拒否しておりました。

そして、病気の克明な観察と記録を心がけること、そして、病気は自然的な一般法則によって起こるのであって、「それ以外の原因などない」とハッキリと宣言して、科学的な医学の確立を目指し、結局は外科手術などもかなりのレベルまで発展させていたのです。注8

また、当時の歴史家であり、地理学者であるヘカタイオスという人なども、「私がここに記述するのは、みずからが真実と信じたことのみである」と高らかに宣言し、「既に存在するギリシア民族についての話は……私からみれば、荒唐無稽《こうとうむけい》なものばかりだ」と馬鹿にしておりました。

要するに、現代人が、未開民族の話を本で読む時に言いそうなことを、もう既に二千五百年前に言っていたということです。ということは、紀元前六世紀の古代ギリシアにおいて、既に現代に通じる科学的態度は一部明確に形を成していたと言って良いと思うのです。

そのような科学的態度を「科学主義」と呼ぶならば、思想としての「科学主義」も、あるいは現代科学に直結する「科学的活動の伝統」も、当時既に形成されていたと言えるかもしれません。

そういうわけですから、アナクシマンドロス、アナクシメネス、ヒポクラテス、クセノファネス、エンペドクレス、ピタゴラスなどは、「組織的観察と実験を通して、現代医学、進化論、流体力学、地動説、などの一歩か二歩手前まで来ていた」と言われているのも、もっともなことです。

○神秘主義の伝統　ただし、当時の「科学主義」は、反‐科学的な神秘主義とも混ざり合っていて、両者を判然と区別できない場合も多くありました。特にピタゴラスなどは、「現代物理学に直結する智者」でありながら、まったくの神秘主義者の部類に入ります。

したがって、当時の思想としての「科学主義」と「神秘主義」、そして「科学」と「哲学」、あるいは「学問」と「宗教」、などは混然一体となっている場合も多く、現代人の感覚で割り切ることは無理である、ということになります。

E　否定主義的真実主義の興隆、すなわち「哲学らしい哲学」の発生

○都市化、情報化、百家争鳴、憂国の士 ⇕ 古代ギリシア人たちはまた、知的で快活、青年的で積極的であった半面、事物の儚《はかな》さに深く心をゆり動かされ、季節の変化に滅び行くものの悲しさを歌い上げて、基本的には厭世的・運命的な人生観を持っていたとも言われています。

また彼らは、オリンポスの神々をはじめとして、あらゆる宗教や伝統に懐疑的であったようですが、だからと言って、まったく馬鹿にして、蔑《ないがし》ろにするというわけでもなかったようです。つまり、この点でも、私たち現代日本人とあまり変わらない考え方・感じ方であったようです。

そういう民族が**情報化された国際的商業都市**の中で、諸説の乱立、価値観の多様化、伝統的倫理の衰退を経験するのです。（まさに、現代と同様の状況です。）

男女差別や奴隷制度を正当化する説から全人類平等説まで、あるいはいろいろな宗教説や来世説

からまったくの世俗的唯物論主義まで、さらにはニーチェ的・フロイト的・利己的背徳説から高尚な利他的・人道主義的ユートピア説まで、種々雑多のものが流通します。

その一つの象徴的な形がプロタゴラスの「人間は万物の尺度である」という主張に現れています。それぞれの人間が、それぞれの「尺度」を持ち、それぞれに真偽・善悪を判断しているというわけです。

つまり、この「尺度」とは真偽・善悪の基準となるソフトウェアーのことですから、プロタゴラスはソフトウェアー主義者だったのです。

このような考え方は伝統とか権威を相対化し、元気のある若者や新興の商人階級には解放感をもたらし、社会の活力へと繋がって行きますが、老人や既存の特権階級には白け・逃避・屈折・不安などを醸成します。（その典型例がヘラクレイトスやクセノファネスであり、さらには古代アテネの哲学者たちだったのです。）

そこで心ある人々は、そのことを憂えて、人々を、あるいは自分を救おうとして、何か絶対的なものを求めて理想主義と精神主義の世界に逃避します。それが**ソクラテス**、**プラトン**から**アリストテレス**へと至る「哲学的真実主義」の伝統だったのです。

オリンピック競技に参加して戦う選手よりも、それを眺めている観客の方が人間として上であり、また、実社会で商売や政治を行なっている人よりも学者の方が高級である、という逃避的否定主義に彼らは陥る結果となります。

この考え方の影響は、現代の教養主義的知識人にまで及んでいますが、肯定主義的行動人である当時のギリシア人にとっては、ちょっと面白い奇妙な考えであり、そのせいでこうした考え方は有名になったようです。

当たり前のことですが、当時においても現代においても、一観客であるよりも、オリンピックで金儲けするか、選手として参加する方が良いに決まっていますし、できればチャンピオンになるのが一番良いに決まっています。

とまで言い切ってしまうのは言い過ぎであるにしても、少なくとも古代ギリシア人も、大多数の普通の現代人も、そう感じているのは事実です。

もちろん、それが正しいかどうかなど一概に決められるわけもありません。それにもかかわらず、教養主義的否定主義の立場がそれを敢えて全面否定するなら、やはり不当な越権《えっけん》行為ということになります。

しかし、生活実感から離れ、観念的に真実を求めようとする人間には、「観客＝高級人種」という種類の精神主義は昔も今も魅力的なのでしょう。

特にプラトンなどは、**物事の真実**を重要視するあまり、民主主義とともに、この現実の世界すら否定し、この世は「《真実の世界》の影」でしかないとまで考えてしまうのです。

そして、アリストテレスのような学問的偉人ですら、「中庸《ちゅうよう》主義」（何事も程々が良いという説）や「精神的幸福主義」という衰弱的否定主義に傾いてしまうのです。（普通のギリシア人はむしろ極端主義者であったし、肉体主義者、冒険主義者の傾向も強く、また世俗的・科学主義的であると同時に迷信深い運命論者の傾向もあったようです。）

○ある者は結果主義に居直る——快楽主義

⇕ 事態はさらに進行し、やがて古代ギリシア社会は衰退期に向かいます。その結果、「実利」と「快楽」という結果に繋がるものしか認めない結果主義の流行と、そこまで居直れない者は、半端神秘主義という心情主義に逃げ込むのです。

たとえば、**エピクロス**という哲学者は、あの世も幽霊もまったく認めない唯物論者でしたが、俗世間にかかわると碌《ろく》なことがないので、親しい仲間たちとの隠遁生活に入り、静かで苦痛のない生活を確保しようとします。つまり、「快楽」や「安定」という結果だけを重視する「結果主義」の哲学を構築し、実践するわけです。

○ある者は心情主義へと逃避する――禁欲主義

しかし、そのような味も素っ気もない即物的合理主義に徹する快楽主義には、当然反発もありました。その一つの形が禁欲的な「**ストア主義**」です。

ストア主義者は、確かに、特定の宗教にはかかわってはいないのですが、しかし何らかの「大いなる存在」を認めていて、それを「ロゴス」と呼んだり、「生きた自然」とか、「世界の設計者」と呼んだりします。つまり、「神」ではないが、「神」のように、人間や自然を支配している何かです。

そして、そういうものが持つはずの筋道や流れに沿って禁欲的に生きることを説きます。すなわち、人間としての品位を持ち、他人を思いやり、義務を果たし、馬鹿げた欲望や感情に流されず、災難や毀誉褒貶《きよほうへん》には超然として、敬虔《けいけん》な気持ちを持つと同時に、毅然《きぜん》として人生をまっとうして行くことです。

要するに、宗教を信じていれば確保できそうな物事を、かなり理性的な議論だけで確保しようとします。その意味でストア主義は、独断的教義を持つ宗教には近付く気になれないけれど、だからと言って、エピクロスのようにあっけらかんとした無宗教の即物主義には納得できない人々にとっては魅力的であり、誰しも持っている「気持ち」に訴えかける「心情主義」と言えます。

見方によっては最近の環境倫理や生命倫理にも受け継がれていて、また東洋思想とも絡《から》み、現代思想の一種とも見なせます。

ただし、ストア主義はどこか傲慢《ごうまん》で冷たいところがあります。それもそのはず、ストア主義は人間の利己的で猥雑な部分や感情的な部分を否定する否定主義だからです。

いずれにしても、ソクラテスやプラトン以降の哲学はどれもほとんど否定主義的であり、それ以前のターレスたちの科学主義的な学説と、その点では簡単に区別できます。

そして、そのように否定主義的傾向を持つ学説の方が、誰が見ても哲学らしい哲学ですから、ギリシアの都市国家アテネの哲学者たちに関する限り、「哲学らしい哲学」とは「否定主義を学問的に正当化しようとする学説」と言えそうです。

しかし、快楽主義的な部分であれ、禁欲主義的な部分であれ、人間の両面のどちらか一方だけを正当化し、他方を否定し切ってしまうのは所詮不可能です。まして、一方だけを正当化する学問を構築しようとするのは、そもそも最初から無理な相談だったのです。したがって当時の哲学は、見ようによってはかなり高度なものですが、やはりどこか中途半端なものでした。

○ギリシア哲学の最終形態とその死

というわけで、「禁欲的ストア主義」も神秘主義としてはやはり中途半端なものでした。

ハッキリと「神」とは言わず「ロゴス（理法？）」と言ったり、「お告げ」とか「霊視」などを持ち出さず、かなり筋道の通った哲学的理屈で自分たちの説を補強したりしていたからです。

しかし、そんな中途半端なものの後には、自然の流れとして徹底したものが出てきます。それがプロティノスの「新プラトン主義」と呼ばれている哲学説です。

それは完全な神秘主義思想ですが、その内容を今更普通の現代人が知る必要はありません。と言うのも、それは今や良く知られた「麻薬的・瞑想的・変性意識的な異常体験」を古代の哲学的用語でつづったものにすぎないからです。（「変性意識」については私の前著『高学歴男性におくる弱腰矯正読本――男の解放と変性意識』を読むか、インターネットか心理学辞典で調べてください。）

しかし、哲学史の研究者の目から見れば、新プラトン主義はギリシア哲学が当然行き着くべき最終形態だということになっており、それはほとんど通説となっておりますが、本書の立場から見れば、「否定主義を無理にでも理屈で正当化しようとする古代アテネの哲学者たち」の行き着くべき当然の末路でもあります。

そして、それは理屈をこねる分だけ、神秘主義としては弱さと半端さを抱えることになり、アッサリと「非合理なるが故に我信ず」と居直る本物の宗教に負けてしまいます。

事実、プロティノスの神秘主義はキリスト教に負けてしまうのです。それはすなわち、古代ギリシア哲学のすべてがキリスト教に負けてしまうということですし、事実負けてしまったわけです。理屈っぽい「半端な否定主義」の古代アテネの哲学が、理屈抜きで「現世」の全体を丸ごと否定する「完全な否定主義」に負けてしまうのは当然の成り行きです。

というわけで、打ち寄せるキリスト教の大波にのまれて、老衰気味の古代ギリシア哲学は溺死します。これがギリシア哲学、ほぼ一千年間の顚末《てんまつ》であり、最初の「**哲学溺死事件**」です。

そして再び、中世という名の「暗黒時代」に突入します。この時代は哲学だけではなく、民主主義も科学もほぼ一千年間にわたって、ほとんど無視されてしまいます。

「完全否定主義の宗教」がはびこる時代には、哲学と共に、民主主義や科学が窒息してしまうのは当然です。したがって「中世」は、哲学と科学と民主主義の三者にとって、正にその名前のとおりの暗黒時代だったわけです。

そこで次章では、中世暗黒時代の後に復活した「哲学」と「科学」と「民主主義」の展開について、極端なほど手短に語ってみます。

三章　「哲学」と「科学」と「民主主義」の復活と展開

A　中世暗黒時代が終わって十九世紀まで

○哲学と生活実感　⁂　中世が終わってルネサンス期（十四世紀から十七世紀ぐらいの期間）以降に、「科学」と「民主主義」が再興し、発展し、現在に至っている事情は、読者諸氏は大よそ見当が付いているでしょうし、そのための参考書もたくさんあります。

それだけではなく、私たちは日々科学の恩恵をこうむりながら、民主主義社会の一員として生活をしているわけですから、「科学」と「民主主義」の現状を生活実感としてある程度は分かっています。つまり、ルネサンス期以降いろいろあって、結局は今のような科学技術と産業の発達した民主主義社会が実現したわけです。

しかし、「哲学」についてはどうでしょう。ルネサンス期以降どのように展開し、現在はどうなっているのでしょうか？

多分、専門家でもない限り、その辺はよく分からないはずです。したがってこの際、問題は「哲学」だけです。

と言うのも、「哲学の現状はどうなっているのか？——実際、哲学は私たちの生活にどのように関係しているのか？——あるいは、どのように関係しうるのか？」に関して、生活実感としてはほとんど情報ゼロである上に、気軽に読めて本当に納得できる参考書もあまりない、というのが現状だからです。

そこで、事細かな経緯は省略し、まずルネサンス期から二十世紀までの哲学を一気に総括し、専門外の人が哲学の現状を簡単に見当付けることのできる話を今からしてみます。

〇十九世紀までの哲学の総括　まず、ルネサンス以降の哲学には、大きく分けて二つの傾向がありました。それは、真実の知識の源泉として、経験を重視する経験派と、理性を重視する理性派です。そして、この二つの流れは哲学者カントによって統合されたと言われています。したがって、カントを理解すれば、その二つの流れもどういうものか見当が付くはずです。

しかし本書の視点から見ると、カント哲学は、ソフトウェアー主義とストア主義の合成理論にすぎません。[注9]（次ページ図参照）

ソフトウェアー主義 ＝「生体としての人間」というハードウェアーに、「言語」とか「習慣」、あるいは「文化」とか「思い込み」、などのソフトウェアーを組み込んで初めて、人間はものを見たり、感じたり、考えたりできるようになるという見方・感じ方・考え方

ストア主義 ＝ 何か人間の考えの及ばないものがあって、それが世界を支配しているという見方・感じ方・考え方

その合成の手さばきはなかなか巧妙なものですが、内容上、コンピューター学者にも、認知科学者にも、あるいはストア主義的現代人にも、当面すぐに参考になるものはない、と言わざるをえません。

もっとも、一部の人にとっては、めぐり巡って間接的に役立つ内容はあるでしょう。もちろんそれは当たり前のことであり、カント以外の哲学についても、何か役立つ内容がどこかに見つかることは当然ありえます。

しかし、一般の人があの膨大で難解な内容を制覇《せいは》して、その苦労に見合うものが見つかる当ては非常に低いと私は判断します。

それに、その当時の哲学はどれも結局はキリスト教的な神に行き着いてしまいますが、純粋な学問的哲学を求めている日本人にとっては、その部分では肝心なところをはぐらかされてしまうような印象を持ってしまうのではないかと思います。

そこで、乱暴は承知の上で、カント哲学とそれに関連する哲学のすべてをここでは無視することにします。（ここでは一般の人が哲

19世紀の哲学

実証主義（まったくの科学主義）

最終的には、あらゆる領域において科学が勝利する

ニーチェ主義（屈折した肯定主義――本音的暴露主義）

道徳など気にするな――とにかく力強く生きよ

実用主義《プラグマティズム》（結果主義の一種である実利主義）

役に立つものは、ただそれだけの理由で真である

功利主義（結果主義の一種である快楽主義）

なるべく多くの人が幸福であれば良い

学の現状について大まかに見当付けることができれば良いからです。）

というわけで、十九世紀に至るわけですが、この世紀に際立った哲学は、

（イ）**実証主義の哲学**
（ロ）**ニーチェの哲学**
（ハ）**実用主義《プラグマティズム》の哲学**
（ニ）**功利主義の哲学**

の四つでした。しかし、（イ）はまったくの科学主義であり、（ロ）はソフトウェアー主義と屈折した肯定主義の合成であり、（ハ）と（ニ）は結果主義の一種でしかありません。（上図参照）

○しぶとい十九世紀哲学 ── これら四つの哲学は、「哲学」としては今更意味はありませんが、「思想」としては二十世紀を超えて、二十一世紀の現在も生き残っており、皆さんの日々の生活意識と密接に関連しています。

したがって、今からそれらを解説すれば、自分で自分の考え方に思想上の名前が付いていることに気付いて、納得したり反発したりして、大いに自らを反省するきっかけにはなると思います。注10

しかし基本的には、誰もが知っている「見方・感じ方・考え方・生き方」を超えるものではありません。ところが、ほとんどの解説書では──それらの内容が歴史的背景との関連で複雑に展開されるので──必要以上に難しく書かれています。

したがって、直接に原典なり、解説書なりを読む必要があるのは、何か特殊な目的を持っている専門家だけです。

前ページの図の中でそれぞれの哲学を一行で総括しておきましたが、それ以上の内容を、一般の人が一般教養として知る必要は、まずはないと思います。

とは言っても、納得しにくい人のために、この（イ）から（ニ）の中で、一番厄介なニーチェの哲学だけを解説してみます。と言うのも、ニーチェは、原典を読んでも解説書を読んでも一番理解するのが難しい上に、ほとんどの解説書が何かそこに深淵なものを読み取ろうとして、大層な議論を展開しているからです。（なぜ、そのように大層なものなってしまうのかと言うと、基本的に否定主義的な知識人が、ニーチェ哲学の「肯定主義的部分」と何とか折り合いを付けようとして無理するからです。）

はっきり言っておきましょう。一般人にとって――あるいは普通の高校生や大学生にとって――意味のある内容はニーチェ哲学の中には、特にはありません。そこで、次の節でそのことを明確にしておきます。[注11]

B　ニーチェの哲学だけはきっちりと決着を付けておこう

○ワルはカッコイイー？　まず、どこかの訳知り顔のオバサンが「男の子はねぇ、ちょっとワルイぐらいでないとねぇ、出世しないからねぇ……その点、ヨシ坊はねぇ……お勉強もできて、行儀も良くて、イイ子なんだけれどもねぇー……」と残念そうに言うのを聞いたことがないでしょうか。

同じく、週刊雑誌か何かで、ちょっと色気のある若い女が「私ちょっとワルっぽい男の人が好きっ！」などと宣《のたま》うのを聞いたことがないでしょうか。

あるいは、「ちょっとヤンチャそうな人間」、「ヤクザ」、「悪漢」などをカッコイイと思って憧れたことはないでしょうか。そして、あなたが男なら、好きな女の子の前で「自分が子供の頃、ちょっとワルの傾向があった」ことをガラにもなく強調したことはなかったでしょうか。

これらはすべて、社会規範の中に納まりきれない「男性性の迫力」を問題にしているのです。つまり、出世・金儲け・恋愛などが問題となる状況では、「普通の意味での善悪」にこだわっていられない場合があります。（この部分はニーチェの言う「**善悪の彼岸**」あるいは「**権力への意思**」とかかわっています）。

○「誠実」は気味が悪い？ ⸗ また、「誠実な子供」とか、「敬虔な子供」とか、「訳知り顔の子供」と呼べるような子供が居るとしたら、どうでしょうか？

多分、あまり好きにはなれない気味の悪い子供だと思います。とすると、大人に関しても、それは同じはずです。

「誠実な大人」も、「敬虔な大人」も、「訳知り顔の大人」も、やっぱりどこか嘘っぽくて気持ちが悪いはずです。その理由を次に述べてみましょう。

○脈絡をなくした言葉群 ⸗ 知恵も知識も伝統も多様化し、自由主義的個人主義が現在のように普及してしまっている世の中では、「誠実さ」も「敬虔さ」も「訳知り」も、マッキンタイヤーという哲学者が克明に分析しているように中味も脈絡もない断片的な言葉になってしまっています。[注12]

これらの言葉が本当に意味を持つのは、「大いなる存在（「神」、「自然」、「伝統」、「世間」など）」に畏敬と感謝の念を心底感じている人たちの共同体の中だけですが、そんな社会は先進国ではほとんどなくなりかけています。

たとえ、個人的にそのような畏敬と感謝の気持ちを持っていたとしても、「言葉」は共通の文化を背景にした社会的伝達手段ですから、空々しい響きで伝わるだけです。

そして、もしそのような共同体があったとしても、ニーチェによると、そのような畏敬と感謝の念を持っている人たちの心は萎縮しており、本当に人間らしく素直に生きる能力が弱い、ということになります（「**奴隷根性的へつらい道徳**」）。

したがって、心底からの畏敬の念も感謝の念もない現代人が、「誠実」という言葉に、嘘っぽさを感じないとすれば、それは鈍感であるか、自分で自分に嘘をついているか、いつの間にか身に付けた否定主義的な思い込みのせいだということになります。

いずれにしても、そういう人たちは、「活力に満ちた人間が本来持つ迫力」を素直に見ることのできない人たちであり、そのせいでニーチェを読んでも分からないか、あるいは誤読をしてしまいます。

〇人間はつまらない？⇕　また、アメリカで活躍するイチロー選手や松井選手、あるいはノーベル賞受賞者や人気ミュージシャンたちの話を聞いて、スバラシイと感動する心の裏側で、自分の卑小さやツマラナサを感じることがあります。それは「普通の人間」の「普通の感情」です。

もちろん、「普通が一番良いのだ」などと、表面上はいろいろと言い訳をしたり自己弁護したりしますが、心の奥底では、「やっぱり《普通の自分》など意味がない」と自分で自分を否定してしまうのも、残念ながら、人間の「時折の素直な気持ち」です（**平民蔑視思想**）。

そんなことや、それ以外の人間の境涯について、あれこれと徹底的に考える時、「人間であること」そのものを否定したくなる場合もあります。

ある時期、ある局面で、そのような気持ちがわき起こってくることは、私たち人間の素直な気持ちの一つであることは素直に認めなければ仕方ありません（**超人待望主義**）。

もちろん、逆に「人間って、素晴らしい」と思う場合もあり、それも素直な気持ちの一つではあります。

いずれにしても、そのような「素直な気持ち」の一方だけを強調するのは一般論としては不適当です。したがって、「人間はスバラシイ！」という面だけを強調し、「人間はツマラナイ！」と感じる気持ちを全面否定する否定主義者には、やはりニーチェは理解できない哲学者である、ということになります。

○少しだけ、人間についての一般論⊷ここで少し脱線して、「人間とはどういう存在か?」について、一般的に考えてみてください。

私は、「人間はある時スバラシイと同時に、ある時ツマラナイ。そしてある時には何とも言えないし、またある時には訳が分からない」としか言いようがない存在だと考えています。大した人間観ではありませんが、それが人間の「人間」に対する素直な見方だと思っています。

したがって、「《普通の人間》はツマラナイ」と決め付ける「意地悪ニーチェ」も、「人間は誰でもすべてスバラシイ」と無理矢理人間のマイナス面を抹殺《まっさつ》する「脳天気さん」も、どちらも人間の一面しか認めない否定主義者であり、現実を素直に見ていない人たちではないか、と考えています。

○意味や価値の喪失⊷また、人間は誰しも折に触れて「ムナシイー」という気持ちになる時があります。その虚しさを埋めるために、仕事や趣味に変に入れ込んだりします。

確かに、その「変な入れ込み」は「虚しさ」の裏返しでしょう。そこでニーチェは、その「変な入れ込み」も「元の虚《むな》しさ」も「**虚無主義**《ニヒリズム》」と呼びます。

実際私たちは、宗教や、何らかの大義や正義、あるいは自由や民主主義に、変に入れ込むことがあります。ニーチェによると、それらはすべて虚無主義《ニヒリズム》の結果であり、生きる勢いの屈折した形であるということになります。

それは、子供のように素直に生きているわけでもないし、しっかりとした伝統の中で、誇りと尊厳を持って主体的に自分の本分をまっとうしているのでもないからです。

また、自分の「健康」と「幸福」と「安全」を最大の関心事とする現代人は、それ以外の「より価値あるもの」に意味を見出すことのできない虚無主義者であり、ニーチェの診断では「衰弱した人間」の典型であって、したがって現代は、「衰弱した**虚無主義**《ニヒリズム》の時代」であるということになります。

しかし、このような「**虚無主義**《ニヒリズム》」についての通説は、ニーチェにおいても、「虚無主義《ニヒリズム》好きの最近の知識人たち」においても、次に述べるa群とb群の「虚しさ」を混同しており、結局知識人同士にだけ通じる大げさな**仲間言葉**《ジャーゴン》としてだけ意味があるものです。そのことを示してみましょう。

a　観念的虚しさ

①宗教、伝統、道徳、などによって与えられる「価値」や「意味」の体系は、どれも嘘っぽ

い、根拠がない、と気付いた時の「哲学的な虚しさ」。

②人生や世界全体についての「意味」や「価値」の体系的理論が構築できないという「理論的虚しさ」。

b　生活上の虚しさ

③自分が依拠していた宗教・伝統・主義が破綻した時の「喪失感としての虚しさ」。

④伝統・宗教・主義の中で本分をまっとうしながら生きていても感じる「時折の虚しさ」。

⑤昔から、死、失恋、失業、失意、病気に際して、誰しも感じる「人生上の虚しさ」。

⑥ある種の集団や社会において全般的にはびこる「退廃的雰囲気としての虚しさ」。

⑦何かに変にこだわる人間の裏に隠された「潜在化した虚しさ」。

要するに、a群の「観念的哲学的虚しさ」は昔から将来にわたって当たり前のことであり、確かに脱却することは不可能ですが、しかし何の実益も実害もない「虚《むな》しい《虚《むな》しさ》」であり、脱却できてもできなくても大した問題ではありません。

人間はそんな観念的な知識に支えられて生きているわけでもないし、哲学的な気付きによって心底虚しさを感じることもないからです。そんな「観念的な虚しさ」で心を曇らせるのは、具体的な「生活上の虚しさ」が別途に伴っている場合だけです。

b群は、確かに何とか工夫して脱却すべき「生活上の虚しさ」です。脱却するのは一般に難しいのですが、それでも生活、人間関係、社会、政治を工夫することによって何とか脱却しなければなりません。

そして、脱却できなくても、それはそれで仕方のないことです。それが人間一般の現実であり、また問題によっては個々人の現実だからです。

というわけで、この二種類の「虚しさ」の違いが分かれば、当時としてはともかく、今ではニーチェの「虚無主義論《ニヒリズム》」は空騒ぎにすぎないことが分かります。

そして「虚無主義《ニヒリズム》の問題」は、よく言われているように、現代の解決不可能な一般的問題ではなく、何とかなるものはなるし、何ともならないものは何ともならないだけの「昔から人間に付きまとう生活上の問題」であり、「現代に特有の問題」ではありません。

したがって、(一) 政治・経済・社会・法律上の特殊問題として何とか対応すべきものと、(二) 人生相談的なものと、(三) 心身症的処置の対象となるものと、(四) 実益も実害もない観念的哲学的問題、の四つに分けて対応すれば良いのです。

これでもまだ、「ニーチェの虚無主義《ニヒリズム》はあまり意味がない」という本書の主張を納得できない人は次のことを考えていただきたい。

1. 人間は太古の昔から、青年期あるいは老人期の前後で、伝統や宗教や道徳に対して、必ず懐疑的な気持ちを一度や二度は持つものです。必ずしも啓蒙された近代人だけが、伝統や宗教や道徳の嘘っぽさに気付いたのではありません。そう思うのは、近代人の思い上がりではないでしょうか。特に東洋では、その種の懐疑は文化的伝統でもあります。

2. また、大多数の一般人が「健康」と「幸福」と「安定」のみに執着するのも、昔から普通のことではないでしょうか。そしてまた、「健康」と「幸福」と「安定」なんか無視して大胆なことをする人も、昔からどの社会にも一定数居るのも普通のことではないでしょうか。たとえ、現代において前者のタイプの人々の割合が多くなり過ぎているとしても、それは政治・教育・社会環境を工夫することによって減らすことのできる問題であり、哲学的思索によって解決できるものではないはずです。

3. 実は人間は、太古から、伝統や宗教や道徳に対して、近代人が思うほど真面目ではなかったのではないでしょうか。それは、戦争や内乱や困窮に際して、貴族であれ一般平民であれ、男であれ女であれ、アッサリと「残忍な鬼」に変身すること、また、ちょっとした生活上の不都合に際しても、ほとんどの人が容易に「伝統・宗教・道徳」を無視すること、などから察することができるのではないでしょうか。つまり、子供の頃から地獄の存在をしっかりと信じていても、いざとなれば直ちに神も地獄も無視してしまうのが、人間の性ではないでしょうか。

4. あるいは、色恋、金儲け、政治、人間関係のための「汚い手練手管」や「非道徳な所業」は、昔も今も、そんなに変わらないのではないでしょうか。

5. 肉や魚を煮たり焼いたりする際に、「自分は地獄へ堕ちるようなことをしている」と時折感じるのは、昔も今も普通のことですが、それでも、次の日からは平気で肉や魚を食べ続けるのも普通のことです。つまり、菜食主義者の一部を除いて、「そのような《観念的非道徳性》はほとんど生活の支障にはなっていない」というのが現実です。同じく、哲学者の言う「人生・世界・意味・価値に関する《観念的虚無》」も、それに起因する「観念的背徳主義」も、実生活には大して関連していないのではないでしょうか。

6. また、多少とも怨念・怨恨・トラウマを抱えて生きるのは、昔から普通の人間の普通の有り様です。何とか、それを中和・宥和・克服しなければなりませんが、それは哲学的問題ではなく、個々人の人生・生活・精神衛生上の問題です。

〇ひねくれニーチェ　〜　以上、「少しワルっぽい男」、「誠実な大人」、「普通人の卑小さ」、そして「虚しさ」について述べた事柄が素直に理解できる人はわざわざニーチェを読む必要はないと思います。

それに「素晴らしいものは素晴らしい。いのちも善悪も超えて、何にも換え難く素晴らしい」と宣言し（**芸術優先主義**）、さらに加えて「どうせ、本当の真理などない。それぞれがそれぞれの方向からの《自分に都合の良い思い込み》を真理だと思っているにすぎない」とまで言えば（**遠近法主義**）、ニーチェの哲学が出来上がるのですが、これは古くからある「ソフトウェアー主義」の一種です。したがって、わざわざ苦労してニーチェの原典を読む必要はないと言っても良いでしょう。

一言で言えば、ニーチェはギリシア的・貴族的・肯定主義者なのですが、十九世紀のドイツという時代背景と彼自身の個人的事情のせいで気持ちが屈折し、必要以上に肯定主義とソフトウェアー主義を強調し過ぎます。

そして、「否定主義」と「真実主義」を、そして普通の人間の「普通の生き方」を、必要以上に否定し過ぎる傾向があります。その点では、彼も部分的に否定主義に陥っており、言うなれば「屈折した肯定主義者」と呼べるのではないかと思います。その屈折した負のエネルギー（怨念《ルサンチマン》）で、肯定主義を称揚《しょうよう》するあまり、天下無敵のスーパーマンのように、あるいは無邪気に遊び戯れる子供のように、純粋に永続的に肯定主義を生き切れるかのような幻想を抱くあたりで、ニーチェは嘘っぽくなるのです。

実際、背徳の彼方において、「戦争も犯罪もホロコーストも含めて、現世の全体が何度繰り返しても、それをそのまま喜んで肯定する」（＝**永劫回帰説**）などということは狂人でも子供でもない普通の大人にはありえないし、あってはならないことです。

なぜなら、そのような肯定は、現世をより受容しやすいものに改良して行くという努力を蔑《ないがし》ろにしてしまうからです。

結局、ニーチェは「観念的全面的肯定主義者」かつ「観念的全面的虚無主義者」であったのですが、人間は実質的には「部分的肯定主義者」であり、現実には「部分的虚無主義者」にしかなれない存在です。

すなわち、「全面的何々主義者」になれるのは、いずれにしても**観念上**だけです。現実世界では、ニーチェであれ誰であれ、「部分的何々主義者」にしかなれないのです。（仏教的覚者の肯定も、結局は一時的なもののようです。結局、「腹が立つものは腹が立つし、悲しいものはやはり悲しい」ということです——「柳は緑、花は紅《くれない》」であり、悟《さと》ったからと言って「柳が紅《くれない》になる」ということはありえない、ということです。）

実際、ニーチェ自身も、私たちと同様に――あるいはそれ以上に――「生活上の虚しさ」を抱えていたと思います。しかし、伝記から察すれば、「虚無主義《ニヒリズム》を徹底させた挙句に到達しうる」と彼の主張する「観念的全面的肯定主義」（＝永劫回帰説）によって、彼自身のささいな「生活上の虚しさ」さえも克服していたようには思えない節があります。それを次に述べてみましょう。

○怒りっぽい独身生涯――彼には片思いの恋人（ルー・ザロメ）がいました。この知的な女性は十六歳年下でした。そして、彼女がニーチェを尊敬していたことと、彼女が彼にとっては生涯最大の恋愛の相手であったことは確かです。

そして、彼女の曖昧な証言から察するに、多分一度はキスぐらいしたかもしれませんが、結局は完全に振られてしまいました。

しかし、著作では露骨な女性蔑視と、思いっきり背徳的な言葉を吐き散らしているのがニーチェです。しかも、本能が道徳に勝つべきこと、そのためには「同情」などまったく無用とまで言うのがニーチェの根本思想です。

徹底的に考え抜いた結果、そこまでの哲学に到達していた四十歳に近い男が、生涯最大の恋愛の

ルー・ザロメとニーチェ

最中に、二人きりのチャンスはいくらでもあったはずなのに、強姦とまでは行かないまでも、多少強引な、あるいは詐欺的な行為に及ぶこともなかったらしいとすれば、私たちはどのように考えたら良いのでしょうか。

もちろん、彼女と知的交流があったこと、男は惚れてしまうと弱くなること、彼の哲学が積極的に犯罪を奨励しているわけではないこと、理論的に到達した哲学内容なら実生活に一致しなくてもその評価を下げるべきではないこと、などの言い訳は分かりますが、ニーチェに関して、私たちはそれを認めるわけには行かないと思うのです。

と言うのも、未だに続く彼の人気の秘密は、まさにその哲学内容が誤解や曲解を煽《あお》るように書かれていること、そしてそれが人間の行動に直結し、「窮屈な市民的日常生活」から脱却できそうな幻想を抱かせるところにあるからです。

この背徳の哲学者は、それ以外にも特に傍若無人《ぼうじゃくぶじん》な振る舞いに及ぶこともなく、結局「善良な一市民」として、母と妹以外にあまり周囲に迷惑をかけることもなく、怒りっぽい――と言うことは、かなり欲求不満の――独身生涯を閉じたらしいと知る時、「なんだ、口ばっかりか」と思ってしまうのは、私だけではないはずです。注13

○全面的・最終的思想はない　⇕　繰り返しますが、肯定主義は決して全面的・最終的に妥当する「見方・感じ方・考え方・生き方」ではありません。ある一定の「ケース・状況・期間」にだけ適当な思想です。

否定主義も、もちろん、個別の「ケース・状況・期間」では正当なものです。両者共に、相手の領分にまで侵入して全面化する時、それは不適当な思想ということになります。

その点で、ニーチェもやはり不当な哲学者だったのです。そして、現代のニーチェ主義者、たとえばドゥールーズ＝ガタリの野放図な肯定主義哲学についてもそれは同様です。注14

結局、肯定主義も否定主義も、そしてその他の主義（個人主義―全体主義、科学主義―神秘主義、結果主義―心情主義、真実主義―ソフトウェアー主義）も、どちらか一方だけを全面的に正しいとすることは不可能なのです。

つまり、それぞれの主義が正当な「見方・感じ方・考え方・生き方」となるのは、ある個別の**「ケース・状況・期間」**だけである、ということです。したがって、どの「思想」も、全面性と一般性を――挙句には厳密性までも――要求する「哲学」にはなれない、ということです。

と言うことは、人間と社会に関しての真実の理論などありえないということであり、結局、状況に合わせてじっくりと考えを巡らせて、いろいろな人の意見を聞いて、最終的には個々人の考えで、民主主義的に事柄を決定するしか方法がないのです。

C　二十世紀哲学の顚末《てんまつ》

○二十世紀は挫折の世紀

⇕　というわけで二十世紀へと至るのですが、残念ながら二十世紀は、哲学的にも思想的にも**空っぽの世紀**と呼べると思います。つまり哲学とか思想という点に関して、「二十世紀は何も新しい内容を持っていない」ということです。したがって、「現代思想」とか「現代哲学」というものはなく、「あるのは十九世紀までの哲学ないし思想だけ」ということです。二十世紀は、結局、「試行錯誤」と「挫折」だけの世紀だったのです。[注15]だから、人類が二十世紀になって初めてお目にかかった哲学とか、聞いたこともない思想なんてものはゼロだった、ということです。（もちろん、新鮮な角度から、二十世紀特有の事情に関して、鋭い評論活動を展開した思想家は居ました。）

これで、「人類の全哲学史」についての話は終わってしまっても良いのですが、それではあまりも愛想がないので、もう少しだけ二十世紀の哲学について話をしてみましょう。

〇二十世紀前半部⸺まず、この世紀の前半部においては、十九世紀までの哲学の学問的弱さと半端さを改善するために、**フッサール**（緊縮型真実主義）、**ハイデッガー**（懐古趣味の否定主義的心情主義、またはストア的半端神秘主義）、および**論理実証主義者たち**（偏狭にしてせっかちな科学主義）が立ち上がり、基礎からの哲学の再構築作業に取り掛かるのですが、三者ともに見事に失敗してしまいます。

この失敗によって確認されたことは、十九世紀までのすべての哲学が、学問的に弱くて半端であるということと、それにもかかわらず、それを「改善する道筋」も、「抹消してしまう手続き」も、誰にも確立できないということでした。

したがって、あの四つの十九世紀哲学（実証主義、ニーチェ、功利主義、実用主義《プラグマティズム》）は二十一世紀の現在も生き残っているのですが、それもそのはずでして、それら四つは、「哲学」としては確立できなくても、れっきとした「思想」ですから、いつまでたっても抹消されることのない「見方・感じ方・考え方・生き方」であり続けているのです。

○二十世紀後半部 ⸗ その後哲学者たちは、その失敗の理由の検討と、別途再生の道を探りつつ試行錯誤を繰り返すのですが、誰もなかなか決定打を打ち出すことが出来ずじまいで時が経過して行きます。

そして、流派間の交流もなく、それぞれがそれぞれの専門領域に、つまり狭苦しいタコツボの中へと潜り込んで行きます。（私の所属する流派である分析哲学は特にそうでした。）

自分たちに決定打がないから、どうせ他の流派にもないだろうとタカをくくって、お互いがお互いを無視、と決め込んだわけですが、悲しいことに、結果としてそれは正当だったわけです。

このような挫折で気力・体力が弱っている時に、第二次世界大戦後に大きくうねり出した「大衆肯定主義」の大波が襲ってきます。

その大波に対する否定主義的・教養主義的抵抗運動とともに、数度の浮き沈みを経由した後、結局哲学は溺死してしまいます。これが、二番目の「**哲学溺死事件**」です。（もっとも、自分が死んでいることに気付いていない哲学ゾンビは残っています。）

したがって、現在の一般市民も大概の専門家も、哲学的知識がゼロであっても、生活にも仕事にも困らないし、今後も困ることはなさそうです。

○哲学構築は不可能 ⇕ 数学と自然科学以外の領域で、数学や自然科学と同じくらいシッカリとした学問体系を構築しようという哲学者の野心は、古代においても、二十世紀においても、所詮見果てぬ夢だったようです。

結局、「**心**」と「**体**」、「**自由意志**」と「**決定論**」、あるいは、「**意識・現象・実在・言語**」、これらの関係を巡る問題をはじめ、哲学上の難問をたった一つも解けないままに今に至っているのですが、今後もまず解ける当てはなく、最近コリン・マッギンという哲学者など、哲学問題の正体と解決を見届けるには百万年かかるかもしれない、などと真面目な顔でフザケル始末です。注16「百万年！」などという年数は、人類にとって冗談以上の意味を持つはずがありません。

○完成しないところが哲学の良いところ？ ⇕ もっとも、このように言えば、次のように反発する人が居るでしょう。

人間は、止むにやまれぬ気持ちで《人間》と《人生》と《世界》について考え続けるのであり、答に到達できなくてもそれは問題ではない、その点で正に「哲学」は数学や自然科学とは違うものであり、人間が存在する限り哲学的思索は続くのである。

確かに、それはそのとおりですが、それならそれは「人生論」とか、「科学論」とか、「学問論」などと呼ぶべき評論活動の話であり、学問としての「西洋哲学」の話ではないことになります。事が「西洋哲学」に及ぶ限り、そんな控え目で可愛らしい知的活動ではないことは、多少本気で「西洋哲学」に接したことがある人なら知っているはずです。

敢えて言うならば、むしろ「西洋哲学」は、そのような「止むにやまれない探究」を終わらせようとする傲慢な知的活動だったのです。

プラトンも、カントも、ヴィトゲンシュタインもそうでしたし、「現象学」も「マルクス‐レーニン主義」も「論理実証主義」もそうでした。

一部を例外として、ほとんど全員と言っても良いくらいに、哲学者たちはそのような「止むにやまれない欲求に最終回答を提示して封じ込める」という傲慢なプロジェクトを遂行しようとしたのです。（実は、私自身もそうでした。）

したがって、もし専門の哲学研究者が「無限に続く哲学的探究」を主張したなら、それは「負け犬の遠吠え」か「敗北主義者の厚顔無恥な居直りの弁」ということになります。

むしろ、「**現代哲学**」というものはどこにも存在しないと言うべきです。存在するものは「**古代**

からの何の変哲《へんてつ》もない十種類の思想」（一章のB）と、「**それらの相互批判と自己弁護**」だけだったのです。

結局、二十世紀において試みられた「言語の哲学」も「科学の哲学」も「数学の哲学」も、あるいは「現象の哲学」も「解釈と理解の哲学」も、そして「それ以外の哲学」も、「しっかりとした学問」として成立させることはできなかったというのが現実です。

「学問としては成立しない哲学」など、所詮一つの意見でしかなく、「哲学」の名に値するはずがありません。この事実を私たちは重く受け止めなければなりません。

○二十世紀後半部からもう少しだけ具体例を挙げてみよう ⸗ たとえば、二十世紀後半部において知名度でトップクラスの哲学者と言えば、トーマス・クーン[注17]とジャック・デリダ[注18]を挙げることができますが、結局は彼らも昔からお馴染みのソフトウェアー主義の別ヴァージョンだったのです。

○トーマス・クーン ⸗ たとえば、クーンのキーワードである「**パラダイム**」は、ある時期の科学者集団の科学的探究活動の背景にある「共通の前提・見方・考え方・手順」などを漠然と意味している言葉ですが、結局それは「一群の科学者の作業用ソフトウェアー」と言い換えることができます。したがって、ソフトウェアー主義の一種でしかありません。

ところが、クーンのソフトウェアー主義も――他のソフトウェアー主義と同様に――個々の知識に、問題のソフトウェアーがどの程度かかわっているのか確定できないという難点があります。

たとえば、「科学」、「脳のソフトウェアー的部分」、「脳のハードウェアー的部分」、そして「実世界」――これら四者の関連・境界が誰にも画定《かくてい》できないのです。

○ジャック・デリダ　⇕　また、デリダの言う「**脱構築**」も、「既存の思い込みへのハッカー行為の勧め」みたいものですから、やはりソフトウェアー主義の一種であり、トーマス・クーンと同様の難点を持つ考え方です。

したがって、どちらもソフトウェアー主義であり、結局は部分的にのみ妥当する比喩であり、「科学」と「哲学」のある側面を照らし出す役割は果たしておりますが、それ以上のものではありません。

と言うのも、両者ともに科学的知識や哲学的知識に関して、何か決定的なことを主張しているつもりでしょうが、「知識」そのものがどういうものなのか、どのように扱ったら良いのか、ということがまったく誰にも分からないのでは意味がありません。そのような状況では、「科学評論」、「哲学評論」としてはともかく、「現代哲学」を名乗るなら越権行為ということになります。

D　真理と知識について

○要するに分からない　⇔　結局のところ、クーンもデリダも――そして他のすべての哲学者も――「科学」と「数学」、そして「言語」と「世界」と「意識」、この五者の関係（ピタゴラス以来の難問）を扱えないのですが、この五者の関係について知らん顔をしたままでは、「真理」と「知識」について何か決定的なことを主張できるはずもありません。[注19]

したがって、**科学的知識であれ、それ以外の知識であれ、それらを真理であると主張することも、逆に、それらについて相対主義的、道具主義的、懐疑主義的主張をすることも、どちらもできないというのが現実です**。

つまり、皆さんがどこかで聞いたことのある「実在」、「真理」、「形而上学」、「相対主義」、「懐疑主義」、「実用主義《プラグマティズム》」、「現象」、「解釈」、「概念枠」、などの言葉はどれも――肯定的にも否定的にも

――責任を持って使うことができる《アカウンタブルな》専門用語にはなっていないということです。それらの言葉が何を意味しているのか、誰にも確定できないからです。

それにもかかわらず、科学哲学とか、言語哲学とか、ポストモダーンの哲学、などと呼ばれている領域で活動している研究者は、解説・批判・弁護などの文脈で、割と平気でこれらの言葉をキーワード（仲間言葉）として使っているようです。

ということは、私たちとしては、これらの言葉を一般向きの解説書で使っている著者は無責任な研究者であると決め付けてもかまわないし、その手の本は読む必要がない、と判断しても良いと思います。

○知識は奇跡？ 〜 この種の研究者以上に無責任なのは、「デジタル型」だの、「分析主義」だの、あるいは「要素還元主義」だの、「合理的実証主義」だの――挙句には、「非人間的」だの――などという言葉を乱用して、「自然科学の限界」を画定して、自分たちは自然科学的認識活動とは別種の「人間的・総合的・直観的な認識活動」を行なっていると主張する人々です。

「自然科学が何を行なっているのか？――なぜ、あのように安定した成功を続けているのか？――そして、その成功はどの領域まで及ぶのか？」ということが誰にもよく分からない状況では、この種の決め付けも当然意味がありません。

見ようによっては、科学的認識活動はすぐれて「総合的かつ直観的活動」であり、すぐれて「人間的活動」でもあります。要するに、「自然科学」も「数学」も、そしてそれ以外の人間の知識も、一種の奇跡としか言いようのないものです。つまり、「知識内容」について語ることはできても、「知識一般」について語る権利は誰にもないということです。

とすると、「知識一般」について何も言わない哲学はありえないので、「哲学」はありえないということです。

バカバカしいことではありますが、おおよそ二千五百年もの努力の末、結局人類は「思想」を、つまり「ものの見方・感じ方・考え方＋生き方」を、学問にすることはできなかったのです。したがって、「無知の知」を唱えたソクラテスは未だに有効なわけでして、私たちは、知識について、「よく分からないということだけがよく分かっている」ということになります。

もっとも、だからと言って、ここで「西洋哲学」をまったく不要のものと主張しているわけではありません。たとえば、人生、社会、世界などについて、いろいろな思想や意見や知恵を選び出したり、思いついたり、根拠付けるための宝庫として、役に立ち続けることはできるはずです。そして、それがある「ケース・状況・期間」において有効な見解となることもあるでしょう。

特に、思想・学問・政治についての評論活動には、「諸宗教」や「東洋思想」とともに、「西洋哲学」は必須のアイテムであり続けると思います。それは間違いありません。

「無知の知」を唱えたソクラテスは死刑を執行される数時間前まで、その「良くは分からない知識」に対する好奇心を捨てることはありませんでした。私たちもそうあるべきでしょう。（それ故、本書も哲学評論か、あるいは社会評論の部類に入る活動として、「終わりなき探究」の一翼を担っているつもりです。[注20]）

E 「哲学の死」と「民主主義」

○民主主義の敵　さて、長々と西洋哲学について、そのほぼ二千五百年間の顚末《てんまつ》を語ってきたのも、「肯定主義社会」において当然発生する「諸説の乱立」という事態に対する短絡的思考の退路を断つためだったのです。

つまり、肯定主義社会で必然的に発生する「諸説の乱立」と「諸思想の対立」は、そのまま耐え忍ぶべき事柄であって、決してそれらについて「学問的手続きで一気に解決できないか」、と苛立《いらだ》ってはいけないということです。

結局、「諸説の乱立」と「諸思想の対立」を調整する手続きは民主主義というマドロッコシイ手続きしかないわけです。言い換えると、諸説や諸思想を制覇・統合する理論システム（＝学問としての哲学）はあってはならないということです。

つまり、**「西洋哲学」は民主主義と肯定主義の敵だ**、ということです。

原理主義的宗教や、共産主義のような否定主義的理想主義が、「民主主義と肯定主義の敵」であるのと同じ意味で敵だったのです。

もっとも──「マルクス＝レーニン主義」を除いて──「敵」だと明確に認識されるほどの「力のある哲学理論」を構築できなかったというのが、二十世紀哲学の情けない現実だったのですが、だからと言って、無害ということにはなりません。

たとえば、「功利主義」、「ドゥールーズ＝ガタリの哲学[注14]」、「フェミニズムの哲学」、あるいは「ロールズの正義論[注27]」が国家哲学になった場合を想像してみてください。私はゾッとします。

それらはあくまでも、ある「ケース・状況・期間」において拝聴に値する意見の一つであり、決してそれ以上のものになってはいけないのです。

○国家哲学はあってはいけない ⊷ だからこそ、民主主義が発生したのは古代ギリシアの肯定主義社会においてだったし、それもプラトンたちの「否定主義的哲学」が出現する以前の都市国家群の元気な時期でした。

したがって、「哲学らしい哲学」（＝否定主義の哲学）と宗教（＝現世否定主義）がはびこる否定主義の時代において、中世期を中心に千五百年以上もの間「民主主義」が廃《すた》れていたのは当然だと考えてみることもできるわけです。

また逆に、成立してしまった民主主義の衆愚政治的側面に苛立って、プラトンたちが「哲学らしい哲学」を作成したことについては、「人類が二十世紀に何度も遭遇した《否定主義的理想主義の悲惨な帰結》という経験に乏しい彼らには、仕方のないことだったかな」と同情することもできるのです。

とすると、現代の大衆社会の退廃的側面を批判する「心ある人々」も、プラトンたちから始まる哲学的伝統と同じ否定主義の立場に立っていること、そしてそれは挫折の伝統であるということを認識して、苛立ちを抑えなければなりません。

したがって私たちは、ただひたすら謙虚に、人間について、人生について、科学の効用と危険性について、大衆社会の素晴らしさと怪しげさについて、政治や法律について、生命倫理や環境倫理について、なるべく私たち全員と未来の子孫たちに思いを馳せながら、個別的に具体的に、いろいろと智慧と労力を出し合って、発生した問題にきっちりと向き合って、何とか暫定的解答で対応して行くしかないということです。

馬鹿にされたり恐れられたり、差別されたり排斥されたりされながらも、数千年もかけて何とか不動にして客観的な地位を確保してきた「民主主義」と「科学」の歴史を思う時、人間の善意と努力と思考力には大いに期待できるはずです。(この期待の背景にある「見方・感じ方・考え方」はゆるい意味での「楽観的性善的合理主義」と名付けてもよいかもしれません。)

今まで人間の**善意**と**努力**と**思考力**に期待できて、これからはできないということはありえません。要するに、これからです。

○三千年間のタイム・トラベルから、「現代」という同時代暗部へのミステリー・ツアーへ

さあー、ここまで来れば、現代社会について考えるための大道具(＝現時点で学問として確立した哲学は存在しないという事実の確認)が出来上がったことになります。「私たちが今住んでいる社会は全体としてどういう性格のものであるか」ということを、これから明らかにします。通説から解放されれば、それは意外と愉快なものであり、私たちの元気を鼓舞してくれる性格のものです。

四章　「科学主義・民主主義・資本主義・大衆肯定主義」を抱え込んだ「現代」

A　大きな社会は見えない

○現代社会の基本特性は？　「現代社会」についてはいろいろな議論がなされています。たとえば、

①「現代社会」はどのタイプの社会か？――「大衆社会」と呼ぶべきか？――「現代の知識人・専門家・エンジニア」は「生活人としての一般大衆」よりも、むしろ大衆的ではないのか？

②「現代社会」は独裁者やエリートやマスコミによって、操作されやすいタイプの社会か？――実際に、操作されているのか？――どの程度か？

③「工業技術・大量生産・高度産業主義社会・大衆消費社会・情報化社会・市場経済・官僚

機構・マスコミ・グローバリゼーション・インターネット」が、人間の「意識構造・社会構造・社会階層」をどのように変化させつつあるのか？

④　享楽的で、受動的で、低俗な大衆が、消費生活の豊かさにバックアップされて、あるいは9・11テロ事件や環境問題などに触発されて、今や徐々に「善意の公衆」ないし「自律的市民」へと変貌しつつあるのか？――あるいは、その逆か？

⑤　SARS《サーズ》よりも強烈な新型伝染病や、あるいは新型のテロや犯罪によって、あるいは遺伝子工学的実験の致命的な失敗などによって、自律的公衆へと成熟したはずの市民たちが、突如として、権利欲求と自己満足、快楽主義と無規律を基調とする低俗な大衆に逆戻りし、さらには、何らかの事件をきっかけにして、「受動的・非人間的・感情的暴徒」へと変貌することもありうるのか？――否か？

これらの問いに対して、楽観的・肯定的なものから、悲観的・否定的なものまで、いろいろと出揃っています。その中には、かなり納得のゆくものもあります。[注21]

が、しかし、決定的なものはありません。と言うよりも、決定的なものはあるはずがありません。なぜなら、種々雑多な人間たちの膨大な集まりが、全体としてどういう性格のもので、どういう動向を示すものかについて、不確かな予想以上のものを提示することは誰にとっても不可能だからです。

フランシス・フクヤマは「共産主義の崩壊後、人類の歴史は停滞期に入る」と予言しましたが、それに対してロバート・スキデルスキーが自著で、人類の政治的活動に関しては科学的説明も予測も通用するはずがないので、そんなことは必ずしも言えないと反論しています。そしてそこで、次のように言っています。

政治生活において我々は、すでに学んだことを容易に忘れてしまう——実際に我々は何度もそうしてきた。その理由は、我々が我々の知っていることについて確信を持てないからである。

（『共産主義後の世界』本田毅彦訳、柏書房、二〇一頁）

確かに、確信など持てません。したがって、同じ失敗をして初めて、以前に学んだはずのことを思い出して後悔したりするのですが、それは後付けの解釈にすぎません。本当のところは同じ失敗ではないかもしれないのです。そのことに関しても確信を持つことはできないのです。

つまり、「人間社会についての知識」は——実験と観察と仮説によって確実に積み上げて行く科学的知識と違って——所詮当てにならないということです。まして、世界規模の「現代社会」の行く末についてはほとんど見えるはずがないということです。

それは、二十世紀にヒットラー、赤狩り、スターリン、紅衛兵、連合赤軍、ポル・ポト、ベルリンの壁の崩壊、ソ連邦の崩壊、オーム真理教、ボスニア・ヘルツェゴビナ、などに関連する事件の異様な顚末《てんまつ》を経験した現代人の共通了解であり、また共通了解であるべきです。

○ブラックボックスとしての社会

⇔　そこで「現代社会」を、「**広い意味での大衆社会**」と決め付けて、予想のつかない「ブラックボックス」である、と考えることにします。

そして、そのブラックボックスは、一個の人間の謎・深淵・可能性・危険性よりも、**より謎**であり、**より深い**ものであり、**より可能性**を持っており、**より危険**である、と考えることにします。

と言うのも、「人間の集団」は、相互作用と相互触発によって、人間の持つあらゆる可能性を超えて、「一個の人間」よりも「多様性・創造性・危険性」においてずっと巨大であり、「奥深さ・異様さ・不可解さ」において、はるかに高度だからです。

それは、「現代科学の発展史」、「カルト教団の衰亡史」、「殺人兵器のカタログ」、などを見れば分かることですし、「パソコン」や「携帯電話」を見るだけでも一目瞭然《いちもくりょうぜん》です。いずれにしても、人間の集団が創造性・多様性・異常性・危険性において、想像を絶する活動をするということは、歴然たる事実です。

それならば、現代の膨大な「大衆社会」も想像を絶する展開をするかもしれない、と予想するのは当たり前のことです。

この「**《大衆社会＝ブラックボックス》観**」は、あの古代ギリシアの肯定主義とよく馴染む見方ということになります。人間の両面性・多様性・可塑《かさく》性（＝あらゆる方向への柔軟な適応可能性）・非合理性を認める肯定主義は「**《人間＝ブラックボックス》観**」をとっていることと同じですし、そういう人間の集団も、もちろんブラックボックスと見るしかないからです。

古代ギリシアの歴史家トゥキディデスはある都市国家の内乱の際に露呈した人間の醜さ――つまり親子・兄弟・友人に見境なく発揮される残虐行為――を「**人間の本性**」と呼んで、普段は大人しい一般市民の顔の裏に隠された残忍さをハッキリと認識しております。[注22]

つまり、善良で大人しい市民が突然残忍な暴徒になるかもしれないという「《人間＝ブラックボックス》観」を主張し、警告していたのですが、それは二十一世紀の現在に至るまで数千回も数万回も確認されてきました。

したがって、私たち自身も状況さえ整えば、鬼となる動物であることは自覚しなければなりません。

そこで今からは、少し強引でも、古代ギリシア社会と現代大衆社会を類比的に見て行きます。

そのような見方は、「民主主義が、なぜ古代ギリシアにだけ発生したのか?」という問いと、「民主主義を標榜する民主カンボジアや朝鮮民主主義人民共和国、あるいはアラブ諸国のような宗教的国家が、なぜ民主主義とはほど遠い政治体制になってしまうのか?」という二つの問いに一気に答を与えるというメリットを持っているからです。つまり「肯定主義」です。

○「民主主義」はネガティヴ(否定的・消極的)なものであり、理想ではない

古代ギリシアにおいては、君主制が崩壊し、それに代わるものとして、貴族制と僭主《せんしゅ》制が何度も交代しています。それも、何百という都市国家で、それぞれにいろいろな形で政変が発生し、その情報は何百という都市国家間で流通していたのです。

したがって古代ギリシア人たちは、情報としても実体験としても、人間性のあらゆる側面を露骨に見聞する機会を持っていたようです。

その上に彼らは、あの強欲と残虐非道に満ちた神話を丸暗記していた民族であり、そしてまた、人間の醜悪さと暗い混沌と矛盾を見事に――見ようによっては、現代のあらゆる心理学よりも鋭く

古代ギリシアにおける民主制へと至る過程

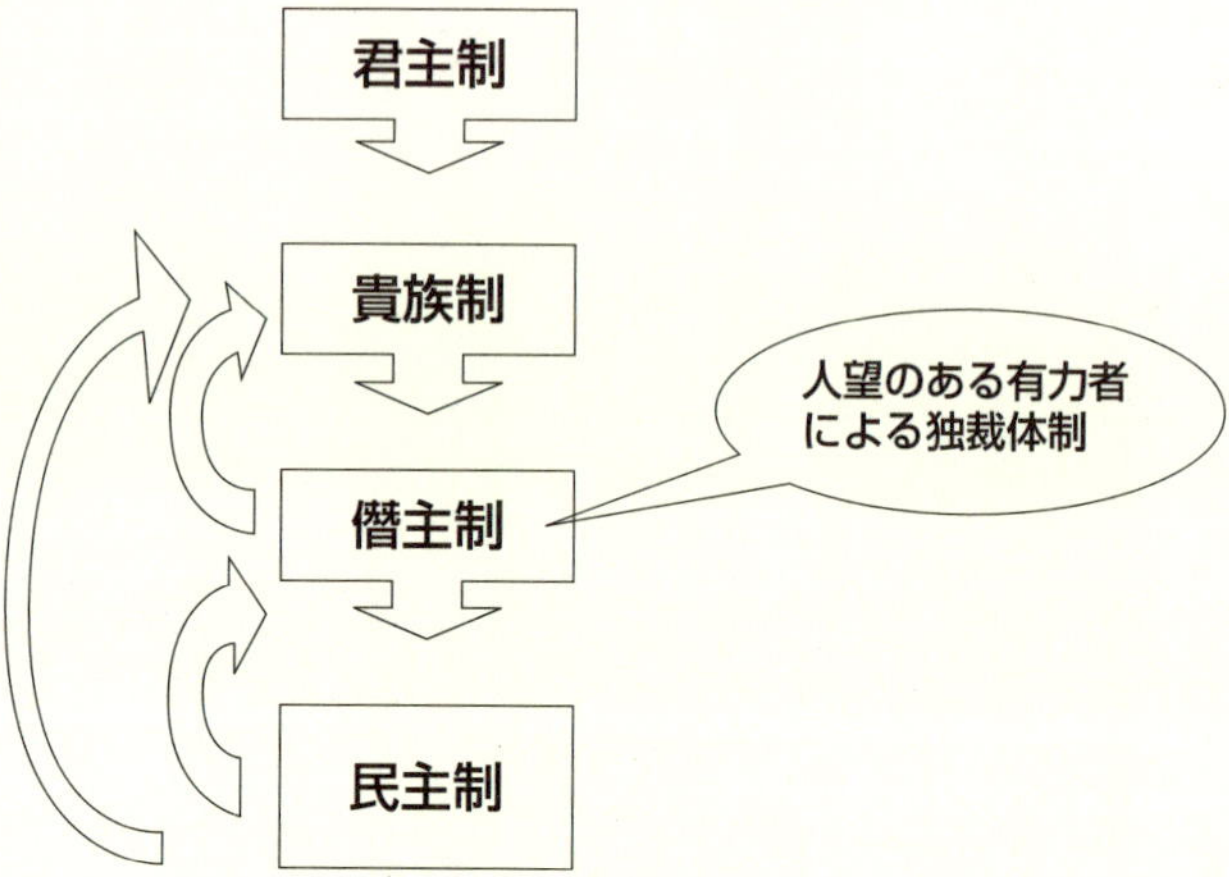

——暴き出す悲劇作品を創作する民族でした。

そしてそのような悲劇作品を、一万人以上も収容する巨大劇場で（五六ページの図の中の半円形の建物を見てください）ほとんど市民全員が観劇していたようですから、彼らは「人間の両面性と多様性と非合理性」に関しては十分過ぎるほどの見識を所有しており、あまっちょろい理想や奇麗事で事態を処理できるなどとは考えていなかったはずです。

そこで、そのような人間の負の側面から発する毒気を中和し、囲い込むための現実的戦略として「民主主義」が採用されたのだと思います。

決して、あの男尊女卑と奴隷制の時代に、「人道的国民主権」という理想を達成するために発案されたものではないはずです。

と言うのも、あのような戦争と略奪の時代にあっては、ほとんど衆愚制に近い「民主制」など無用の長物でしかなかったからです。それでも民主主義体制をとったのは、貴族制と僭主《せんしゅ》制の弊害を中和し、囲い込むためにはやむをえない安全装置だったからでしょう。

したがって、それは私たちが想像するような人道主義的理想などではなく、現実的でネガティヴな「**歯止め装置**」のようなものであったのではないでしょうか。

○立派な社会では、「民主主義」なんかいらない　⇕　そのことを裏から言えば、理想的で高潔な人道主義国家においては、民主制度は不要になるということです。

なぜなら、理想的共同体主義や宗教的教理が強く作用する国家においては、肯定主義のマイナス面は、制度ではなく否定主義的教説によって直接押さえ込みにかかるからであり、また、そのために、民主制という制度による間接的な「中和・囲い込みの戦略」は不要となってしまうからです。

だから、現在においても、イランや朝鮮民主主義人民共和国においてそうであるように、宗教国家や共産国家では民主主義は簡単に無視されてしまうわけです。

同じく、何らかの「全面的真理」や「無条件の正義」を信じる人にも、「民主主義」は無用の長物です。

だからこそ「正義の使徒」を任ずるブッシュ政権は国連を無視するのですから、「平和主義」や「国際民主主義」では、彼らを説得することはできないはずです。

つまり、民主主義体制を支える「自由」とか「平等」とか「国民主権」は、達成すべき理想ではなく、最低限確保すべき安全装置にすぎなかったし、今後もそうあるべきものです。

それらは、不自由と不平等と独裁によって、人間の肯定主義的活動が封じられるのを防ぐための安全装置であると同時に、人間のマイナス面が統治システムにおいて暴走しにくくするための制御装置なのです。いずれにしても、ネガティヴなものです。

「民主主義」は、「人間」の、そして「社会」の、あるいは「国家」の、両面性と多様性と非合理性のために、どんな場合にも常に維持し確保しておかなければならない「最低限の外枠」のようなものです。

したがって、「民主的に決めたから良い」ということにもならなければ、「民主主義は正義だ」ということにもならないし、「自由だから、平等だから、国民主権だから良い」ということにもならないのです。それはちょうど、どんなに「良い皿」も、どんなに「良い料理人」も、「良い料理」ではないのと同様です。

その外枠の範囲内で、そしてその外枠を壊さないように注意しながら、「少数意見の尊重」、「文化と伝統と多様性の維持」、「人権・自由・寛容・博愛・共生・共栄」などの理想を実現してこそ初めて良いということになるのです。

つまり「民主主義」は、理想を実現できてもできなくても、維持しておかなくてはならない外枠であり、ある程度理想が実現した場合にも、その理想が不適当なものになる場合に備えて、保持しておくべき歯止め装置にすぎないのです。

そのことが分かっていない人間や政府が、たとえば「理想的平等状態」とか「完全な人民主権」とか、あるいは「《民主主義＝正義》の世界」を達成しようと努力すると、必ず「悪平等」、「全体主義」、「無政府的混乱」などを結果してしまうのです。それが、旧ソ連、民主化以前の中国、ポル・ポト時代のカンボジア、朝鮮民主主義人民共和国、などにおいて起こったことであり、今、現時点で国際社会において起こっていることです。

そのことを裏から言えば、「全面的真理」も、「無条件の正義」も、「完全に清潔な社会」も、ありえないし、あってはならないということになります。なぜなら、そういうものがあれば「民主主義」という制御装置が「無用の長物扱い」になってしまうからです。

つまり、民主主義が成立している国々の社会は多少の犯罪も若干の退廃も許容する肯定主義社会であり、そうでなければならない、ということです。そして、もちろん日本も肯定主義社会であり、若干不潔な社会でなければならないのです。

それと言うのも、どんな社会も、どんな人間も、そういう不潔な側面を持っているのは当たり前だからです。ただ、「高潔な社会」や「善良な市民」においては、その面はあまり目立たない程度にコントロールされているだけのことです。

○頭は否定主義、体は肯定主義

ところが、ほとんどの日本人、特にほとんどのジャーナリストや知識人は、日本が、そして世界が、若干退廃的な肯定主義的大衆社会であるべきことを認めようとしないのです。

そして、否定主義的言説でいろいろと批判し続けて、社会の肯定主義的側面のマイナス部分を否定しようとするのですが、実際には、それはほとんど負け犬の遠吠えのような形となり、「この国（世界）は一回完全にぶっ壊れてしまわない限り、良くなる当てはない」などという乱暴な悲観主義者が多数横行する結果となっております。

とは言っても、部分的には認めざるをえなくなって、「言論の自由」とか「表現の自由」という美名のもとで認めたり、あるいは「管理主義的全体主義の危険を避けるための次善の措置」として、しぶしぶ弁護するという有様です。

肯定主義が持つマイナス面も真っ直ぐに容認し、それをコントロールしようとしなければなりません。

事実、大衆社会全体は「人工妊娠中絶」、「あらゆる領域への市場主義」、「援助交際」、「人工的生殖技術」、「クローン技術」、「整形手術」、「同性愛」、「安楽死」など、なし崩しの容認・横行・流行を通じて、肯定主義を貫徹しており、それはもう誰にも止められない状況になっております。

つまり、個々人の口先と頭のてっぺんは今なお否定主義的なのですが、一般市民、そして一般知識人もジャーナリストも含めて、「体の奥底」は肯定主義的になってしまっているというのが現実です。

そこでこの際、「古代の肯定主義」と「現代の肯定主義」を対比させつつ考えてみる必要があります。

B　古代と現代の肯定主義

○スターは神様？——有名人は貴族？——チャンピオンは英雄？⇔古代ギリシア社会の「**貴族的英雄的肯定主義**」に対して、現代社会は「**大衆的有名人的肯定主義**」の世界と見ることができます。

古代ギリシア世界の「神様」、「貴族」、「英雄」に相当するものは、現代大衆社会では「スター」、「有名人」、「チャンピオン」です。

口先では、年をとってこそ人生が分かるとか、清潔・安定・善良・普通の人生こそ素晴らしい、などと否定主義的な言い方をしますが、大衆社会全体の「無意識的・肯定主義的価値判断」は現実にそれを否定しています。

その証拠に、若くて強くて美しいこと、派手でスリルのある人生、そしてとにかく有名になるこ

古代ギリシア社会と現代大衆社会

貴族的英雄的肯定主義

神様……貴族……英雄

大衆的有名人的肯定主義

スター……有名人……チャンピオン

と、などは経済的利益に直ちに結びつきますし、普通の若者の普通の夢であると同時に、それが叶いそうにもない若者のシラケとフザケと逃避的行動の原因となっているからです。

そして、それをあきらめた中年のオジサンとオバサンでも、スター・有名人・チャンピオンの活躍を、マスコミを通してもてはやしたり、同化したりしながら毎日の生活意識を構築しています。

偶然、有名人に遭遇した一般人の異様なハシャギぶりがテレビの画面に写し出されることがありますが、その反応はアイドルであれ、お笑いであれ、ニュース解説者であれ、ほとんど見境なしのようです。

つまり、「普通でない人」に「普通でない仕方」で出会った時の「普通人」のハニカミやハシャギぶりに、「普通人」の意識の中に占める「有名人」の比重の大きさが露呈しているように思えます。つまり、彼らは彼ら、自分は自分、という考え方を腹の底に据えている人はあまり多くないということです。

古代ギリシア人も、神様や英雄の活躍物語を暗記し、日常的に英雄や神様や冒険に憧れていたと言われていますから、生活意識においてかなり似ていた部分もあるわけです。

○欲望の暴走 ⟡ また、現代の陰惨な猟奇事件や、有名人のスキャンダルやゴシップに相当するものは、ギリシア神話の世界では、ほとんどお馴染みのものですし、それ以上のものすらあります。たとえば、憎い兄弟に、その兄弟の子供を殺して、その肉を食べさせたり、あるいは夫婦とその子三人が仲むつまじくしている時に、その妻が魅力的であるからと言って、抱いている子供を引き剝がして切り殺し、ついでに夫も殺して、血の海の中で妻を強姦するのです。その上に、「自分はカッとしやすいのだ」という言い訳をし、それが通用してしまうという有り様です。
現代なら重罪犯罪ですが、貴族や英雄にありがちな傾向の一つとして認めてしまうあたりは、私たちにはついていけないという感じです。

しかし、現代においても、実際そのような事件が起こったなら、大ニュースとして大騒ぎをしながら、結局は日常の退屈しのぎの一種として消化してしまうのが、現代大衆社会の現実だと思います。とすると、結局は同じことではないでしょうか。

つまり、古代ギリシアと現代では、いろいろと大きく違っているのは当たり前ですが、しかし人間の残忍さや欲望の野放図な暴走を、古代ギリシアでは語りの世界で、現代ではマスコミの世界で、ある意味で承認し、日常的に流通・消化しているという点で似ているように思えるのです。

そして結局、古代ギリシアの世界と現代大衆社会は、「肯定主義的である」という点においては同じではないか、とここで主張しているわけです。

○「民主主義」と「退廃・堕落・犯罪」との濃密な関係

もちろん、「二千五百年も離れている古代と現代を引き比べて、ある意味で同じだと言うのは強引である」と言うのはもっともなことです。私自身もそう思います。

しかし、強引でも同じだと見れば、口先で「民主主義」を唱えていても、なぜ非民主主義的独裁国家が出来上がってしまうのかという理由と、実際に民主主義がかなり機能している国々は、なぜどの国も「犯罪の多い堕落した社会」の様相を呈するのかという理由が二つとも一挙に判明するからです。（本書は、高校生にでも理解できる程度に話を単純化し図式化し、「現代の全体」に関して一応の理解に到達しうるように工夫された書物であることを忘れないでください。）

もっと乱暴な言い方をすれば、女稼業のプロ（ホステス・女優・売春婦）と一般女性とが服装において区別のできない国は民主的で、しっかりと区別できる国は非民主的だ、ということです。

そして、それに対していわゆる「心ある人たち」は、「今の女たち（子供たち）はひどい。世も末だ！」などという言い方で世の中の乱れを嘆く慣わしになっています。しかし、そんな習慣は半分しか意味がない上に、嘆いても嘆いても、止められないのが現実です。そこで、それを敗北主義的でない仕方で容認する枠組を今から提示してみましょう。

郵便はがき

料金受取人払

新宿北局承認

9350

差出有効期限
平成17年9月
24日まで

有効期限が
切れましたら
切手をはって
お出し下さい

169-8790

165

東京都新宿区
西早稲田三—一六—二八

株式会社
新評論

読者アンケート係行

読者アンケートハガキ

お名前	SBC会員番号 L　番	年齢
ご住所 （〒　） TEL		
ご職業（または学校・学年、できるだけくわしくお書き下さい） E-mail		
所属グループ・団体名	連絡先	
本書をお買い求めの書店名 市区 郡町 書店	■新刊案内のご希望 □ある □ない ■図書目録のご希望 □ある □ない	

●このたびは新評論の出版物をお買上げ頂き、ありがとうございました。今後の編集の参考にするために、以下の設問にお答えいただければ幸いです。ご協力を宜しくお願い致します。

本のタイトル

●この本を何でお知りになりましたか

1.新聞の広告で・新聞名（　　　　　　　）2.雑誌の広告で・雑誌名（　　　　　　　）3.書店で実物を見て　4.人（　　　　　　　）にすすめられて　5.雑誌、新聞の紹介記事で（その雑誌、新聞名　　　　　　　）　6.単行本の折込みチラシ（近刊案内『新評論』で）7.その他（　　　　　　　）

●お買い求めの動機をお聞かせ下さい

1.著者に関心がある　2.作品のジャンルに興味がある　3.装丁が良かったので　4.タイトルが良かったので　5.その他（　　　　　　　）

●この本をお読みになったご意見・ご感想、小社の出版物に対するご意見があればお聞かせ下さい（小社、PR誌「新評論」に掲載させて頂く場合もございます。予めご了承下さい）

●書店にはひと月にどのくらい行かれますか

（　　　）回くらい　　書店名（　　　　　　　）

●購入申込書（小社刊行物のご注文にご利用下さい。その際書店名を必ずご記入下さい）

書名　　　　冊　書名　　　　冊

●ご指定の書店名

書店名　　　　都道府県　　　　市区郡町

C　「肯定主義」と「危険な荒野」と「生きる勢い」

○民主主義と肯定主義　⇕　繰り返しますが、古代ギリシアにあっても、現代においても、肯定主義が通用している社会においてしか、民主主義は成立しないのです。

したがって、否定主義的理想を唱える国では、たとえ「民主主義」を標榜していても非民主的独裁国家になってしまいます。旧ソ連も民主化以前の中国も、現在のイスラム教国も朝鮮民主主義人民共和国も、皆そうです。

ある意味で、「高潔な理想」は民主主義の敵となります。猥雑と悪趣味と犯罪が多少はびこる社会においてしか民主主義は良く機能しないのです。

「民主主義」は肯定主義的古代ギリシア社会において生まれたのですが、その生まれ故郷と同じ「肯定主義的大衆社会」においてのみ今日の「民主主義」も生き生きと機能するというわけです。

そのように考えれば、逆に古代ギリシアも理解しやすくなります。そのためにもう一度、二千四百年以上も前のペリクレスの演説を取り上げてみましょう。そこでは、「法治体制の確立、能力主義と自由競争原理の承認、自由と理性の尊重、平等と公平の実現、プライバシーの尊重、学問と教育の重要性、学校教育の普及、外国人への国土の解放、情報公開、演劇・スポーツ・お祭りなどによる生活のゆとり、冒険心の推奨、孤児などに対するセイフティー・ネットの整備」などがハッキリと意識され、主張されています。驚くほど現代的な演説内容ですが、肯定主義と民主主義の関係を考慮すれば、そんなに異様なことではないと思えてきます。

そして、古代においても現代においてもしばしば指摘されるように、「民主制」は常に「衆愚政治」に堕する傾向を持っています。

それにもかかわらず、それ以外の制度は考えられないのも、肯定主義のせいです。人間の両面性と多様性と可塑性《かさく》（＝あらゆる方向への柔軟な適応可能性）と非合理性を解放すべき——あるいは解放せざるをえない——社会では、自分たちの自己調整能力に期待する以外に手がないからです。もちろん、それは常に失敗の可能性を秘めており、実際何度も失敗しているのです。それでも、大衆民主主義社会は学習しつつ、少しずつましになってきているのです。

その漸進的成長を信じる以外に方法はない、というのが現実です。したがって、今なお第二、第二のヒットラー、スターリン、毛沢東を生み出す可能性はあるのですが、そのことに常に留意しつつ努力していくしかないわけです。

しかし、だからこそ民主制は、能力と活力ある人間たちが活動の場を求めて進出してゆくべき**フロンティア**となりうるのです。

○どこまでも不安的な民主制　それは選挙民にとっても、政治家にとっても**危険でスリルのあるジャングル**であり続けています。決して、安定した共同体的理想状態には到達しないのであり、しないからこそ人間にとって意味のある制度となっているのです。

もちろん、今後も「意味のある不安的な制度」であり続けるのでしょう。その点が、共産主義をはじめとする種々のユートピア思想や、原理主義的宗教体制と決定的に違っているところです。

このことを明確に立場として確立しておかないと、イスラム原理主義者を説得するどころか、論戦することすらできないのではないでしょうか。そして、「キリスト教とイスラム教」、「先進国と後進国」、「文明と野蛮」、「豊かさと貧困」という「言語道断の対立」に回収されてしまうのではないでしょうか。

さらに言えば、ブッシュ政権とアルカイーダと国連の三者が、共に理解し合えない理由もそこにあるのではないでしょうか。

つまり、**すべての政治体制は例外なく悲惨な人権抑圧社会を生み出してきたこと、その点では民主制も例外ではなかったこと、したがって民主主義は正義でも理想でもないこと、ただし自由主義的個人主義の発達した民主主義国家においてのみ、不安定ながらも、かろうじて非抑圧社会が維持されてきたこと、したがって肯定主義と自由主義的個人主義が必然的に生み出す腐敗・犯罪・堕落は、コントロールできる範囲内において民主主義の必要条件であること、それには猥雑な資本主義社会が馴染むこと**、を私たちは、イスラム教徒、キリスト教徒、朝鮮民主主義人民共和国の金正日総書記、高潔志向の政治家・知識人・ジャーナリストに対して、説得工作を展開しなければならないのです。

そのためには、たとえば、左記の五段階の手順で彼らを誘導し、私たちと議論する場へと引き込む必要があります。

一、まず、「人間の両面性・多様性・可塑《かさく》性（＝あらゆる方向への柔軟な適応可能性）・非合理性を認めるか否か？」について、

二、次に、「認めるなら、どの程度・どの範囲までか？」について、

三、そして、「共通了解に達した程度と範囲で、それらをどのような方式で、どのような生活領域で解放するのか？」について、

四、さらに、「そのための有力な候補として《ある程度不潔な肯定主義的民主主義》と《ある程度不安定な資本主義》は全人類にとって必需品ではないのか、否か？」について、

五、最後に、「どのような条件でなら、その二つを認めることができるか？」について、じっくりと議論しなければなりません。

そこで次に、そのような議論の場で大いに問題となるはずの「資本主義」について考えてみましょう。

○資本主義と肯定主義

――猥雑な資本主義社会が肯定主義と馴染みが良いことは、実感として誰しも認めるところではないでしょうか。

人間には「**私利私欲の追求**」、「**自分の故郷・出自・身分・能力・自分らしさ・家族・親類・友達・職業からの離脱欲求と帰属欲求**」、「**発明的・発見的・異常的性欲**」、「**愚行的・利己的・自己愛的・冒険的な自己顕示欲**、**あるいは自己実現欲**」、さらには「**博愛的・利他的行為欲求**」などがあ

ります が、それらの欲求を市場原理の中で中和・無害化して、自分にも他人にもあまり迷惑にならない形で、時には非常に効率的に、充足・解放して行くことができる仕組みになっているのが資本主義社会です。

特に、資本主義が現代肯定主義にとって特別重要な意味を持つのは、活力ある人間の冒険的活動欲求に対して、**危険な荒野**を提供しうる点です。

人間には多分、常に「危険な荒野」が必要なのだと思います。大航海時代もアメリカ西部開拓時代も、活気のある人間の世紀だったはずです。

実は、今の時代も、当時に劣らず活気のある人間の世紀であると見ることができます。女性も下層階級の人々も、昔なら貴族ないし上流階級の男性にのみ開かれていた仕事・旅行・政治・遊び・セックス・グルメ・ボランティアに進出して元気にやっています。

「腕力・身分・権威・教養・容姿」よりも、「お金」の方が強くなったからであり、それを可能にしたのが資本主義的市場経済です。つまり、市場経済は「腕力・身分・権威・教養・容姿」から人間を解放してくれる装置なのです。ある意味では、お金はキレイな浄化装置です。

そのお陰で、いろいろな人がいろいろな領域にいろいろな意味を見つけて勢いよく活動しているのです。つまり、昔と違って、一般的に与えられるのではなく、個人的・主体的に意味と価値を見つけなければならないと同時に、見つけやすいように開かれているのが「資本主義的大衆社会」です。

もし、意味と価値が普遍的・客観的に与えられず、市場というフロンティアに進出して自分で個人的・主体的に探さなければならない時代を「虚無主義《ニヒリズム》の時代」と呼ぶなら、それは「素晴らしき人間の時代」の別称でしかありません。

いずれにしても、地理的フロンティアが宇宙以外にはなくなってしまった現在、資本主義的市場経済によって開かれるフロンティアは貴重なはずです。一応誰でもが、昔の王侯貴族のような生活を実現するチャンスを持っており、見方にもよりますが、今の日本では大多数がそういう生活を実現しているようにも思えますし、社長や商店主は王様みたいなものだと考えることもできます。

そして、特に猥雑な資本主義社会は、人間の両面性・多様性・可塑《かさく》性（＝あらゆる方向への柔軟な適応可能性）・非合理性を解放する度量を持っていて、肯定主義と良く両立します。

それに反して、完全な共産社会や、清潔な宗教社会は、「人間」を禁欲的否定的領域に閉じ込めようと無理をしてしまいます。そして、結局は民主主義も人権も容認できなくなってしまうのです。

○《お金じゃない！＝心だ！＝魂だ！》主義　⇔　禁欲主義、共同体主義、精神主義、理想主義、などは皆否定主義です。ある特定の状況、あるいはある小規模の集団においては、それらの「見方・感じ方・考え方」は有効であり、適切な主義ではありますが、野放図に全面的に主張される時、それらはただの**奇麗事**でしかありません。

昔から私たちは、そのような綺麗事でもって洗脳されているので、実際そのような主張をする人に出会った時は引き下がってしまいますが、資本主義経済はそのような奇麗事を容赦なく押し流しています。

そのために、現代のいわゆる「心ある人々」は総じて悲観主義者になっていますが、しかしそれは人間の肯定主義的側面への誤解から発症する「心身症的心痛」にすぎません。

それはちょうど、「畑から勝手に大根を引き抜いて、後で断ればすむ」という村の習慣が、都会で通用しないと嘆くようなものです。

「心」とか「気持ち」とか、「いのち」とか「大いなる自然」などが意味を持つのは主体的領域か、ある特定の小さな運命共同体においてのみです。それを大きな共同体や、共同体の外側に、まして世知辛《せちがら》い資本主義的都市生活の中に持ち出しても意味がありません。

いずれにしても、苛酷な資本主義経済によって開かれているフロンティアは、地理的フロンティアが宇宙にしかない二十一世紀において、絶対になくしてはいけない**人類の必需品**ではないでしょうか。

とすれば、世界はすでにある程度「気持ち」は通じ合っているのですから、この程度の漸進的進歩で満足できずに強権的に「心」を通じさせようとすることは、絶対にしてはいけないことではないでしょうか。

○心ある人々のためのフロンティア

ここで、読者の一部は「そんなことは分かっている。問題はそのフロンティアが万人に平等に開かれていないということである。実際には、金持ちと少数の有能な人間にのみ開かれているのである」と反論されるかもしれません。

しかし、それならば、そのフロンティアがなるべく万人に開かれるように工夫すれば良いだけです。それは確かに難しいのですが、民主主義社会ですから、それは常に可能です。そして、「市場システムにどのような制度を導入すれば、万人にチャンスが平等に行きわたるか?」とか、「市場フロンティアの敗者のためのセイフティー・ネットをどのようにすれば良いか?」などを一生懸命考えて実現するための運動をするのが、「心ある人々のために開かれているフロンティア」ということになります。もし、現状に不利を被っている人が圧倒的多数になれば、それらの運動家の提案は多数決で実施されるはずです。

悲観的になって、手をこまねいている場合ではありません。度し難い巨大怪獣となってしまった市場フロンティアを閉鎖するという代案はありえないからです。直ちに行動しなければなりません。

それ以外にも、大きくは環境問題や南北問題、小さくは自分の周辺の青年や子供、あるいは困っている人などに対して、「有徳の士」や「知識人」が為すべきことは昔も今もゴマンとあります。一般論で悩んでいる場合ではありません。

○うれしくなるくらい問題は山積している

確かに、産業主義的資本主義経済の徹底化のせいで、先進諸国において個人の孤立化・自閉化、生活意味の平板化・空洞化、市民意識おける連帯感や倫理感の低下、などの問題はあります。

それらは二十世紀における生活様式の急激な大変革に付随した現象であり、過渡期の不適応現象であり、やがて人類は今までと同様に百年も二百年もかけて試行錯誤の後に順応して行くのではないかと思っています。つまり、このままだらしなく衰退して行くほど人類は間抜けではない、と私は楽観しているわけです。

特に、元気のある人、社会のためになることをしたい人などには、為すべきことが一杯あって有難い時代ではないでしょうか。そのための活動領域・活動手段・活動指針があらゆるところに開か

れているからです。[注23]

したがってもちろん、現代人の心の荒廃を嘆く人々が為すべきことも数多くありますが、しかし――喧伝されている割には――この方向だけは、実際にはそれほどの緊急性も、そんなに心配する必要もなさそうだと思える節があります。そのことを次に考えてみましょう。

○ここで、現代人の心性についての一般論を少々、つまり共同体の衰退について　人間にはもともと家族共同体の中で育まれ、親戚、幼稚園、友達サークル、学校などを経て、職場、村落、都市、地域など、いろいろな共同体に何ほどかかかわったり、離脱したりして一生を送ります。そしてその際、共同体への**帰属欲求**と**離脱欲求**の両方を――多かれ少なかれ――誰しも経験します。つまり、人間には共同体への「帰属願望」と「離脱願望」の両面性があり、肯定主義的人権主義の立場からは両方を解放可能な状況にしておかなければならないということです。

確かに、ヨーロッパや日本において晩婚化・非婚化・少子化の傾向は顕著になっております。つまり、「家族」という最低限の共同体ですら避ける傾向にあるということです。

極論すれば、自由主義的個人主義の快適さに目覚めた現代人は、「子供」や「配偶者」などという厄介で度し難い生物と一緒に、人間的成熟への努力をする気持ちを失くしかけているようにも見えます。

それにもかかわらず、彼らはやたらと結婚に憧れているようですから、できることなら、「可愛いペットロボット」や「《思いやり》を組み込まれた《インストールされた》異性の美形アンドロイド」とともに構築する「人工的共同体」での快適な人生を選択したがっているのではないか、と疑うこともできます。

つまり、「村落共同体から」、「宗教共同体から」、「小都市共同体から」、さらに「愛国心に裏打ちされた国家共同体から」、「共通教養を背景とした知的共同体から」、「芸能・スポーツを中心とする大衆文化で繋がったマスコミ共同体から」、そして結局、「最低限の夫婦共同体から」も、相当数の二十一世紀人たちが抜け出して行こうとしているようです。

これは、自由主義的個人主義の快適さに目覚めた現代人の当然の帰結ですが、しかしそれはそんなに心配することではないと考えるべき理由が三つあります。

まず、第一に、その種の二十一世紀人は子供を作らない種族ですから、一時期は増加してもやがて絶滅して行く運命にあるということです。

第二に、人間の中にある共同体への帰属願望と離脱願望は、たとえ一時期一方が優勢になったとしても、やがては振り戻して、他方が優勢になると楽観できるからです。

そして、第三に、共同体を本気で否定するのは、所詮一部の個人ないし小集団だけですが、そういう個人ないし小集団に防御的に対応するために、結局は、どの集団も、どの国も、そして世界全体も共同体志向はむしろ強めざるをえないし、実際強まっているのが現況だからです。

見ようによっては、人類はもう既に「地球共同体」へ向かって相当に歩を進めており、この趨勢は止まることも、後戻りすることもなさそうです。

○快適な「自由主義的個人主義」　⇔　しかし個人レベルでは、今後しばらくは自由主義的個人主義の快適さのために、共同体からの離脱傾向が全体としては優勢になると予想されます。そして、いわゆる「心ある人々」が嘆いているように、その弊害はかなり顕著になってくる時代だと考えられます。

しかも、自由主義的個人主義の快適さの方が、それらの弊害（孤独・虚無・モラルの低下・犯罪）よりも当面は優先されるので、その傾向を止めることはできないはずです。

その傾向を駆動しているのは、現代人の《頭》ではなく、《体》であるからなおさらです。つまり、あらゆる領域への市場原理の徹底によって、現代人の《体》に染み付いた「肯定主義・自由主義・個人主義」という「見方・感じ方・考え方・生き方」が、民主主義という制度を動かしているからです。

○でも、大丈夫 ⇕ 《頭》と《体》というものは、大体においてちぐはぐに、時には正反対に作動するものです。したがって、現代人の反‐共同体的趨勢も、「結局は見かけほどのことはない」と私は考えています。

たとえば、現代の利己的個人主義を嘆いている「知識人百人」、無作為に選抜した「一般人百人」、住民エゴ丸出しの「町民百人」をまず適当に抽出します。

そして、親戚付き合いの範囲と程度、金銭的に助け合わなければならない友人・知人の範囲、町内会・地域・国家・環境への具体的貢献度合い、などに関して調査します。

その結果、その三つのグループに関して「共同体への志向・順応レベル」を比較したら、どうなるでしょうか。私はかなり皮肉な結果が出るのではないかと想像しています。（つまり、「批判的知識人百人」が最低の結果となる可能性もあるということです。）

また、臆面もなくエゴ丸出しの言動をする若者たちが、一皮剝けば、共同体への順応力をかなり発揮することは、徹底したマイホーム主義で育ったはずの現在の四十代、五十代のオジサンやオバサンたちを見れば、アホラシイくらい明白なことです。

したがって、ニュースになる凶悪事件（昔からありました）、町にたむろする若者の異様な風俗

（若者の何パーセントかは常に危なっかしくてアザトイものです）、著名人たちの「現代の精神的危機」を煽《あお》る言説などから、雪崩《なだれ》を打つように、今の世の中が荒廃して行くと思うのは、心配のしすぎであるということです。それよりも当面心配すべきは「科学技術の発展」ではないでしょうか。

○科学技術と肯定主義

大衆社会を精神貴族の立場から痛烈に批判したオルテガは「現代の実験科学は凡庸ないし凡庸以下の人間によって進められている」と喝破しましたが、これは現代の学問全体について言えることです。

私自身についても、私自身の周囲の研究者についても、正にこれは痛感するところであり、大学の大衆化とともに、今や全世界的現実と言えると思います。

そして、失礼ながら、「田中耕一さんのノーベル賞受賞」はその現実を象徴的に物語っていると思います。

オルテガは「専門家の大衆化」という現象を情けないこととして論じており、それももっともなことなのですが[注24]、ここではそれを肯定的にとらえます。

現代では、科学技術のみならず学問全般が一部の秀才・天才・金持ちの息子だけでなく、普通の能力の一般市民にもフロンティアとして開かれたということです。そして、それは当事者にも、社会全体にとっても、非常に有難いことです。

多分、知能が普通ないし普通以下の人間でも、大学院までの試験を免除して何らかの専門領域にやる気十分で五年間関与すれば、確実にそれらしい論文を発表することが可能であると思います。このことは、多分ほとんどの研究者が認めるはずですから、手近の研究者に聞いてみてください。そしてさらに、やる気と運とに恵まれれば、かなり大きな業績も残せるし、大学教授になることも夢ではありません。それは鷲田小彌太氏が、ベストセラーになった著書『大学教授になる方法』（青弓社）で明確に示してくれたとおりです。

つまり、科学技術の世界は、あるいは学問一般は、今や誰でもが参加できるフロンティアの一つになったということです。ただし、学問にかかわって誰でも生活を支えてゆけるかどうかは保証されていないので、やはり若干危険なフロンティアの一つではあります。

その上に、特に遺伝子工学などの領域は、とんでもない災害をもたらす可能性もありますから、自分がその加害者になるという危険もあります。したがって、いずれにしても、科学ないし学問は人間にとって危険な荒野である、ということです。

特に、「大衆化した科学技術」は市場原理に流されやすいという欠点を持っています。そのために、「科学技術」という「無政府状態的荒野」からもたらされる危険性は、「自由主義的個人主義がもたらす社会的政治的弊害」よりも、より緊急案件ではないかと私は考えています。

○坩堝《るつぼ》としての大衆社会

――というわけで、本書はここまでに三つの荒野の存在を強調してきました。すなわち、「**民主制**」と「**資本主義的市場経済**」と「**実験科学ないし学問一般**」です。

これら三つはどれも明日どうなるか分からないブラックボックスであり、したがって危険な荒野なのですが、それらが大衆一般にアクセス可能なフロンティアとして開かれている、というのが現代の一大特徴です。

しかも、これら三つを一つの坩堝《るつぼ》の中に放り込んで、相互作用させれば、より訳の分からない、より危険なブラックボックスとなることは明白ですが、その坩堝こそ「**現代大衆社会**」というわけです。

そのような危険なブラックボックスであるにもかかわらず、またあらゆる欲望を肯定主義的に解放したにもかかわらず、そして禁欲的・否定主義的言説がほとんど無力な状況にもかかわらず、現代社会はかなり具合良くコントロールされています。それはほとんど奇跡的とまで言えるほどです。しつっこく主張しますが、これだけ欲望が断片化・多様化・肥大化している社会が崩壊せずに機能しているのは、正に「奇跡」と呼ぶべきです。ここに、大いなる希望と同時に不安があります。

なぜなら、性善説はかなり有効に見えるのですが、ブラックボックス相手では所詮は見極め切れないからです。

○資本主義的・民主主義的・科学主義的・肯定主義的大衆社会は最大最深の荒野である ⁂ したがって、科学技術の発展を助成し、民主主義体制をとり、資本主義的市場経済システムを万人に解放する現代大衆社会は、人類史上初めての最大にして最深のフロンティアである、ということになります。そしてそれは、あらゆる**欲望を吸収するブラックホール**でもあります。

確かに、危険で怪しげで気持ちの悪いものではありますが、安全・清潔になっている部分や人道主義的に整備された部分もかなりあり、またどこかやさしく甘ったるい側面もあります。その上に、自然災害や貧困からの脱出に世界中が助け合って行こうとする傾向もあり、何万年も人類を眺め続けてきた神様には、それは「涙で目もくらむくらいの高潔さ」が「我が子・人類」に現れてきた兆候だと見えているはずです。

したがって、「元気のある人もない人も」、「能力のある人もない人も」、「人と付き合うのが好きな人も嫌いな人も」、「芸術家や芸能人になりたい人もなりたくない人も」、「私利私欲だけの人も公平無私の人も」、「家族にだけ尽くしたい人も人類のために役立ちたい人も」、万人にフロンティアは開かれており、しかもオタク的避難所から犯罪の温床までも用意されています。

これだけ広く懐の深いフロンティアは人類史上初めて出現したと断言できます。芸能、スポーツ、政治、恋愛、趣味、学問など、現代人に開かれた領域の多様性を考慮すれば、人類史上「**最大・最深・最多のフロンティア群**」であると断言できます。

私たちは、虎も狼も、狐も狸も、蛇も毒虫も徘徊《はいかい》する荒野の真ん中に居るのです。雨も嵐も、栄華も悲惨も、名誉も没落も経験しうる前進基地に投げ出されているのです。これは元気のある人にはワクワクするような状況です。

そんな新天地が、人類史上はじめて、下層民・女性・子供・ホモ・レズ・老人・身体障害者など、社会的に不利な立場に置かれてきた人たちをはじめとして、利己主義者にも利他主義者にも、個人主義者にも全体主義者にも、あらゆる人々に開かれたのです。そのような社会が清潔な共同体になるはずがありません。退廃・堕落した人間にも、自己中心的な人間にも、そして犯罪者にも居場所を与えてしまうからです。

それでもなお、何とか退廃・堕落をコントロールしながら、そしてなるべく犯罪を排除しながら、もっともっとこの新天地を開いて行くべきです。

○若者に希望を！ ⁂ 人類は、いろいろな「**否定主義という名の閉域**」（宗教、封建主義、倫理的共同体主義、種々の理想主義など）の門を次々に開けて、「**資本主義的・民主主義的・科学主義的大衆社会**」という「**肯定主義の荒野**」に走り出してしまったのです。つまり、「**あらゆる出口から外へ出てしまった**」というわけです。

したがって、「今は出口のない閉塞状況の中にあり、政治、教育、倫理などに答らしい答はなく、心ある人々の心は混迷と困惑の極みにある」という通説は、はっきりと間違っています。そのような見解は、この元気あふれる荒野の時代にあっては、視野の狭い短絡思考か、元気のない年寄りの見解と見なされるべきではないでしょうか。

そして、現代の若者に対して、「出口がない。閉塞状況だ。衰退期だ。退廃期だ。先の見えない不透明な時代だ」などという暗い現代観を押し付けるのは止めにして、「不透明だからこそ面白い！　可能性の荒野へと冒険の旅に出て行け**！**」と明るい声で激励すべきではないでしょうか。

○超人類へ？——あるいはハイテク猿へ？ ⁂ また、共産主義理論のような大きな物語の時代が終わって、人類は小さな物語に満足しつつ、安楽で退屈な時代に入ったと考えるのも、はっきりと間違いです。嬉しいことに、あるいは残念なことに、今後、大いに**波乱**も**悲惨**も**激動**も期待できます。

これからは大量に発生する難問に個別的・具体的に対応しながら、工夫に工夫を重ねて行かなければなりません。

ひょっとすると、科学のさらなる発展のせいで、「人類」は「超人類」へと進化して行くかもしれませんし、かなりの理想社会を実現するかもしれません。

いえいえ、その逆で、「ハイテク猿」へと後退し、またまた暗黒時代へと突入するのかもしれません。楽しくて怖いことに（?）、とにかく分かりません。

さしあたり、人工生殖技術、臓器移植、クローン問題などに答がないのは当然であり、それらはこれから皆で考えて行く問題です（次ページ図参照）。一般に、未踏のフロンティアでは決まり切った答や方式がないのは昔から当たり前です。私たちは冒険的に試行錯誤して行くしかありません。

特に、賢げな顔をして「人間はバカだから、いつまでたっても戦争をする」とか、「この世は一旦ぶっ壊れてしまわない限りは良くならない」などという言い方は絶対にしてはいけないと思います。と言うのも、この手の態度は、**暫定的に**事態を好転させるための「考え」も「行動」も否定してしまうからです。

人類が「民主主義」と「現代科学」に到達するまでの二千五百年を超える長い苦難の道のりを思

倫理的言説の座標

根拠＼適用領域	一般的 普遍的 客観的	社会的 政治的 法学的	主体的 個人的 主観的
心情倫理的 （気持ちの問題）	人類一般の思い	世論	私の思い
責任倫理的 （結果責任の問題）	人類一般への責任	市民一般への責任	私の責任

人工妊娠中絶、人工生殖、クローン問題なども、上記のように、問題を６つの領域に分けて試行錯誤的に決定して行く以外には方法はありません。領域を混同すると答は見つからなくなります。特に、宗教や哲学のように、すべての領域を統合する一貫した理論を作ろうとするのは無理な上に、それはしてはいけないことです。

一例として重症障害新生児の問題（または、羊水検査*の問題）を倫理的言説の座標で表してみる

根拠＼適用領域	一般的 普遍的 客観的	社会的 政治的 法学的	主体的 個人的 主観的
心情倫理的 （気持ちの問題）	いのちとは？ 人間とは？ 神の領分を侵す？	世論 親のエゴ 医者のエゴ 胎児の権利	利己的配慮 世間への配慮 家族への配慮 自分の気持ちと考え
責任倫理的 （結果責任の問題）	いのちの軽視？ 精神の荒廃？ 犯罪の増加？	治療は無益か否か？ 放置は医療怠慢になるか否か？ 児童虐待防止法に触れるか否か？ 治療方針を家族が選択するのは妥当か否か？ 中絶のための線引きは？	一生涯の世話は不可能であるか？ 経済的負担は？ 乳児施設の利用は？ 個人的・主体的に中絶を選択することは妥当か否か？

羊水検査とは、先天異常の早期発見のために妊娠14～17週で行なわれる出生前診断です。それによって障害児であることが判明すればほとんど中絶されてしまうわけですから、優性思想や障害児の生存否定にも繋がる可能性があり、障害児に対する人権侵害の可能性もあります。これは重大な問題ではありますが、私たちとしては上記６つの領域を混同しないで、主体的に、民主的に、法律的に試行錯誤して行くしかありません。宗教や哲学はややもすれば、これらの６つの領域間の差異を突き崩し、全領域をカバーする一貫した原則・教説で間に合わせようとします。しかし、人間の問題はそのような単純な取り扱いには向いていないことは当たり前ですから、本書では、そのような原則・教説に「短絡思考」という蔑称を献上したいと思っているのです。

い出す時、さしあたり答がないことに文句など言えるはずがありません。いずれにしろ、今後も人類は退屈することも絶望することもないはずです。

○「現代の全体」をとらえる一番大きくて簡単な枠組　さてここまで来れば、読者の皆さんには本書の表題が何を意味していたかについて明らかになってきていると思います。

つまり、「私たち全員が取り込まれている《現代》を簡単に一言で名付けると、それは《**大衆肯定主義時代**》である」ということです。

言い換えると、「《現代という状況の全体》は、予想のつかない**ブラックボックス**であり、あらゆる欲望の**ブラックホール**であり、人間活動のための最大・最深・最多の**フロンティア群**である」ということです。

したがって今は、民主制、市場経済、科学技術をはじめ、スポーツ、芸能、学問、趣味など、さらにはグルメ、セックス、旅行、ボランティアなど、人間のための肯定主義的活動の場が大きく開かれ、それに向かって大衆エネルギーが自らを解放する方向へと驀進《ばくしん》している最中であります。

言い換えれば、《**自覚なき肯定主義**》という肉体が、「人権主義」の鎧《よろい》の上に「自由主義」‐ブランドのファッションを身に付けて、頭には「個人主義」という帽子をかぶって、先進諸国の表通りと裏通りを大挙して徘徊中である、というわけです。

そしてそれこそが、私たちの周辺で毎日見聞きしている現実であり、新聞・雑誌・テレビを通じて接している世界の有り様でもある、ということです。

つまり私たちは、そのような大衆肯定主義社会の真《ま》っ只中《ただなか》で日々暮らしていることになるのですが、そのような見方こそ「現代の全体」をとらえる一番大きくて簡単な枠組である、と本書は主張しているわけです。

○建設的な現代観と非建設的な現代観 ⸺以上のような本書の見解は、特に「現代」を「虚無主義《ニヒリズム》の時代」と呼ぶ標準的な見解に対抗して立てられたものだと考えてください。
私は、そのような「暗い哲学的見解」はニーチェに関連して述べた理由(三章のB)によって不適切である上に、何ら建設的な提案に繋がらない点でも「不適当な現代観」だと考えています。
その典型例が佐伯啓思氏の最近の著書『20世紀とは何だったのか』(PHP新書)に現れています。
彼はその著書の最後のページで、
現代社会では、ニヒリズムを克服することは不可能だとしても、それをうまくやり過ごす術くらいは身につけなればやってゆけません。そのためには、われわれの置かれたこの現代文明というものの本質（＝ニヒリズム）を認識するところから始めるほかはないのだと思います。

と言って著書を閉じています。

彼は、ニヒリズムの克服をあきらめ、せめてそれをやり過ごすことを提案してはいても、結局そのための具体的な術も提案も述べることもなく、ただ「事柄を認識するところから始めよ」で終わってしまうわけです。（確かに、彼のアメリカ文明の分析はなかなかのものですが、残念なことに、それがハイデッガー哲学に絡《から》むあたりでバカバカしくなっています。注25）

このように、何ら建設的な提案もせず、現代大衆社会に対して難癖《なんくせ》を付けるだけに終わるというのが、多くの知識人の傾向ですが、それに対して本書では、覚束《おぼつか》ないまでも、「明確な答」と「具体的な提案」を次章で提示し、本書の見方の方が生産的であることを示そうと思います。

五章　真理と正義と幽霊

A　真理と正義はどこに？

○真理判定裁判　⁂　では、どこにも絶対的で安定したものはないのでしょうか。そんなことはありません。日常的・主体的真実は確固としてあります。あなたが今朝家族と食事したこと、そして家族のためにしっかりと頑張ろうと思っていること、百円玉が三つで三百円になること、などを疑う理由は――神経症的哲学青年でもない限り――ありません。それが、私たちの「見方・感じ方・考え方」です。

また、物理学をはじめとする自然科学はかなりしっかりしていますし、政治・経済・社会も、歴史的にみればかなりの国々で安定している、と思うのも私たちの普通の見方です。

しかし殊更に、「真実」とか「真理」と呼べるものがどこかにあるのかと問われると、普通は答えられないか、あるいは「日常的主体的領域以外にはまずない」と答えるしかありません。つまり、日常的には自分のまわりに「本当のこと」も「間違ってはいないこと」も数え切れないほどあるのですが、しかし殊更に「真理はあるか？」と問われると誰しも答えにくくなってしまうということです。「真理」という言葉には、「客観的で普遍的で永遠的な」という意味が含まれているからでしょう。

その意味でなら、普通の人は「そんな大げさな問いには答えられない」と言うか、「そんなものはない」と答えるしかないのではないでしょうか。

確かに、普通はそんな風にしか答えられませんが、しかし自然科学者が自然科学のある部分に関して、「この部分は客観的で普遍的な真理である」と主張した場合、あるいは「少なくとも、《客観的普遍的真理》に近付いている」と主張した場合、それを完全に否定する根拠は、普通人はもちろんのこと、どんな懐疑的専門家も、どんな相対主義的科学哲学者も、持っていないのが実状です。[注26]

今、各界の専門家を陪審員にして「真理判定裁判」を開いたと仮定してみましょう。そして、科学的真理であれ、政治法学的真理であれ、あるいは宗教的真理であれ、とにかく「真理」であると主張されている説を次々と裁判にかけてみたとしてみましょう。

証拠の圧倒的多さと確かさにおいて、いろいろな現実との整合性（つじつまが合うこと）において、「自然科学」が断然有利であることはどうしようもないほどです。自然科学の安定している部分が持つ確かさは、それ以外の領域の「自称真理」とは雲泥《うんでい》の差があります。

しかし、そうではあっても、誰かが「自然科学は絶対的真理である」と主張するなら、私たちはやはり「それは僭越ではないか」と思ってしまいます。（なぜなら、科学の歴史は絶対に正しいと思われた理論が次々と交代して行く物語でもあるからです。）

まして、自然科学以外の領域で、特に政治法学的領域で、「絶対的真理」を主張するなら、はっきりと「僭越である！」と決め付けることができます。

同じく、「正義」についても、日常的主体的領域においてはありえますが、普遍的・客観的に言語化・理論化しうる知識としてはまずありません。

たとえば、「公正」という正義の第一候補ですら、その意味内容と適用例に関して意見の一致を図ることは最終的には難しいと言わざるをえません。[注27] しかし、「不正義」と「非真理」についてはどうでしょう。

○不正義と非真理　⌇　何が「不正義」かに関しては、私たちの「見方・感じ方・考え方」はかなり一致します。すべての犯罪に関しては無理ではあっても、強盗、強姦、誘拐など、ほとんどの凶悪犯罪は不正義です。

また、すべてではないにしても、非科学的な迷信のほとんどに関して、それらが「非真理」であることにおいても、私たちはかなり一致します。

つまり、個別例に関しては、どれとどれが不正義であり、またどれとどれが非真理であるかについて、私たちの「見方・感じ方・考え方」はかなり一致しうる可能性がある、ということです。

○直観と直感 ⸺ そして、たとえば、9・11テロ事件については、あれは不正義であると全世界レベルで「見方・感じ方・考え方」はかなり一致した、と言えると思います。

しかし、だからと言って、「テロ一般」について、その意味内容と適用例が一致したわけではありません。ただ、9・11に関してのみかなり一致しただけです。

つまり、個別のケースに関して「それは間違っている」とか、「それは正しくない」ということでは、人々の「見方・感じ方・考え方」は全世界レベルで一致する可能性はあるということです。ただしそれは、理屈とは関係のない「見方・感じ方・考え方」にすぎません。言わば、「**直観**」ではなく、「**直感**」で一致するだけです。

つまり、普遍的・客観的に「真理」と「正義」を確定することは難しくても、個別的・具体的・逐一的ケースに関して「非真理」と「不正義」を、いろいろな**証拠・根拠・意見**を参考にして、最終的には**直感的**に確定することは可能であるということです。そして、それしか可能ではないということです。

○段階的前進　ただし、科学の発達と民主主義の拡大・成熟のお陰で、その範囲、つまり、「非真理」と「不正義」を直感的に確定しうる範囲は全世界レベルで確実に広がっています。これは大いなる希望です。

なぜなら、ここに「世界民主主義」と「世界平和」へ至るための手順と道筋が鮮明に浮き出しているからです。

実際、「民主主義」と「人権主義」と「博愛主義」と「平和主義」に関して、そして、かなりの種類の「犯罪」と「迷信」に関しては、全世界レベルで話が通じるようになりかけています。当面はそれだけで十分満足し、それをより広げて行くための努力と工夫に精力を集中しなければなりません。

つまり、全世界の人々が、不正義と非真理の個別例を逐一的に、徐々に、段階的に、民主的に、博愛的に、人権主義的に、平和的に確定して行けば、先進国内において現在成立している民主的法治体制は全世界レベルで実現する可能性がある、ということです。

○「友好」と「正義・理想・真理」の険悪な関係

⌇そして、そのような逐一的・段階的歩みを阻害している最大の元凶《げんきょう》こそ、既存の自称「正義」であり、「理想」であり、「倫理的共同体志向」であり、「宗教」であることは明白です。

したがって、全世界・全民族・全個人が、それぞれの国の、それぞれの民族の、そしてそれぞれの個人の「宗教・理想・正義・真理・大義・原則」の一**歩手前**に、引き下がる必要があります。民主主義・人権主義・平和主義の原則ですら、露骨に押し付けることは遠慮も苦慮もしなければなりません。

なぜならば、昔も今も、宗教、理想、正義、大義、さらには自由、民主主義、人権、平和、偽装した権益、などの方が、「友好」よりも優先する傾向があるからです。今後は「友好」という選択肢を常時優先させなければなりません。

つまり、「平和のための戦争」はありえても、「友好のための戦争」というのは考えにくい、ということを根拠にした象徴的な言い方をすれば、「**大義としての平和**」よりも「**小義としての友好**」が国際社会の前面に立つ必要があるということです。甘い考えであることは認めますが、それしかないと思うのです。

B　とにかく「差し当たりの楽観論」と「ゆるい性善説」がなければ何事も始まらない

○消極的立場　⇔　要するに、何が良いか、何が正しいか、何が真理か、ではなく、何が悪いか、何が正しくないか、何が真理でないか、ということを個別例に関してだけ判断を下すという「**《消極的な場当たり手続き》しか公共的にはないし、またあってはならない**」ということです。そうでないと、「相手と仲良くする」という選択肢が今までと同様に前面に進出することができないからです。

そして、そのような場当たり手続きの積み重ねの結果として、**反**独裁主義としての民主主義、**反**暴力主義としての平和主義、**不当な**不平等、**不当な**抑圧、生存そのものを脅かす**理不尽な**貧困、などを避けるための人権主義などは、当面の努力目標として正当なものです。しかし、これらはどれも正義とか原則などという**積極的・一般的**なものではなく、**消極的・個別的**なものなのです。

決して、「独裁」を排除するための「独裁（民主主義の無理強い）」も、「暴力」を否定するための「暴力（平和のための戦争）」も正当化することのないネガティヴ（消極的）な立場です。

しかも、それら消極的なものは一旦達成されても、それで「良し」というものではなく、一応達成されたとしても常に監視・調節・変更を必要とします。

そしてその上に、押し付けなくても発揮されて来る博愛主義的風潮が醸成されてくれれば良いのですが、事実、事態はそのような方向へと進展しつつあります。実際、国連もＮＧＯ（非政府組織）もＮＰＯ（非営利組織）もその方向へ動いています。

○短絡思考⇝それにもかかわらず、そのまどろっこしい進展に我慢ならない人々が「最終的・永遠的・持続的な正義」というものを持ち出し、一挙解決というありえない状況を求めて無理をするところに人類は振り回されてきました。（今ブッシュ政権がやっています。）特に、二十世紀はそのような短絡思考が人類に大災害をもたらした世紀でした。

その代表例が、ナチスの「民族主義的共同体志向の全体主義」と、旧ソ連および民主化以前の中国の「人道主義的理想社会志向の共産主義」という二つの否定主義だったのです。

そのことは絶対に忘れてはいけないと同時に、どんな理想も、どんな正義も、常に監視・調節・

変更を必要とすること、そのためには「消極的場当たり手続き」しかありえないことを絶対に忘れてはいけません。

そして、もう一つ絶対に忘れてはいけないことがあります。

○二十世紀において、ヒットラーとスターリンに誰が打ち勝ったのか? ⇔ という問題の答です。

普通、答として挙げられるのは、「自由主義」、「個人主義」、「民主主義」、「資本主義」、「人道主義」、あるいはその二つ以上の組み合わせですが、それらはどれも間違っていると思います。

単純化して答えれば、ナチスドイツと旧ソ連の「知的に計算された理想的共同体主義」に打ち勝ったのは、「ほとんど衆愚制に近い民主主義」と「猥雑で不透明な資本主義」から生じる活力だったのであり、決して「人道的で清潔な民主主義」や「万人に開かれた健全な資本主義」という理想が勝利したのではないと思います。

もっと単純化して答えれば、「勝ったのは《**自覚なき肯定主義**》だった」ということになります。

特に、「ベルリンの壁の崩壊」とその後の「ソ連邦の崩壊」は、正にこの《自覚なき肯定主義》が歴史を動かしたことを示す象徴的な出来事であったと私は解釈します。

そして、もっと大胆な解釈をすれば、二十世紀は全体として「理想主義と共同体主義を標榜した

《観念的否定主義》」と「自由主義と人権主義の皮をかぶった《自覚なき肯定主義》」とのデスマッチだったのであり、結局「自由主義と人権主義の皮をかぶった《自覚なき肯定主義》」の勝利で終わったのだと見ることができます。

言い換えると、「頭で考えた理想」が「素直な体の欲求」に負けてしまったというわけです。（もちろん、これは極度に単純化した答ではありますが、現時点において国際社会で生じている混乱の処方箋を提示するための戦略的主張であり、普通通用している答に反省を促すための挑発的反対意見だと考えてください。）

つまり、アメリカが自国に関して勘違いしているのは正にこの点であり、多くの高潔志向の知識人が理解し切れていないのも正にこの一点である、とここで確認したいのです。

言い換えると、アメリカは自分たちの掲げる「自由と人権の民主主義」という理想が勝利したと頭で理解しているでしょうが、実は「肯定主義的資本主義的猥雑社会」という下半身（＝欲望の解放とそれと相即の経済力や権益）が勝利に導く大きな要因であった可能性がある、ということです。

いずれにしても、「自由」であれ「人権」であれ、あるいは「理想」であれ「正義」であれ、そんな観念的奇麗事だけで戦いに勝つはずはありません。したがって、勝ったこと自体は決して自慢できるようなものではありませんし、図にのっていけないのですが、そのことを自覚しない今のアメリカはその点で大いに問題児的です。

以上のような見方は、二十世紀の一側面をおさえていることだけは間違いないと思います。それゆえ、現代の全体を大まかに見当つけ、大衆社会における「自分の立ち位置」について考えるための踏み台がほしいと思っている人には、簡便な枠組として役立つはずです。

もっとも、このような本書の見方は、既にかなりの人たちが直感的・間接的に認めていることであり、今更珍しくもないと思われる読者もおられるかもしれません。

それはそうかもしれません。しかし本書では、「哲学の不成立」という事情と「肯定主義」という現実の潮流にしっかりと関連付けられています。その点が新鮮な論点であるはずです。そこで、それをもう一度明確にしておきましょう。

○《消極的な場当たり手続き》しか存在しえない理由

〜「哲学の不成立」という事情を言い換えると、首尾一貫した理論としての「理想・正義・真理・原理」はありえないということです。

それをさらに言い換えると、「思想（＝ものの見方・感じ方・考え方）は、一定の範囲・状況・期間でのみ有効である」ということです。だからこそ、「まどろっこしい民主主義以外の手続きは存在してはいけない」ということです。

これは国際的にはもちろんのこと、国内的にも言えることなのであり、事実私たちが情報化社会の中で目の当たりにしている現実でもあります。

まわりを見渡してください。「普遍宗教」も「普遍哲学」も「普遍思想」も、そして「普遍的正義」も「普遍的真理」も、現実には存在していません。ここでは、そんな「当たり前の現実」を追認しているだけのことです。

したがって、至極当たり前のことではあるのですが、その当たり前のことが、国際的には仕方がないとしても、先進諸国において、国内的にも通用していない様子を見て、本書はくどくどと二千五百年以上にも及ぶ哲学の顚末を語ることから始めなければならなかったわけです。

つまり、「真理」と「正義」に関して、それらは個別的に、具体的に、逐一的に、直感的に、ネガティヴ（否定的・消極的）に、しか確定できないということを、そして、それが民主主義を正当化しうる本当の理由であり、また「民主主義」があくまでもネガティヴな制度でなければならない理由でもあることを、今ここで確認し、共通了解としなければなりません。そうでないと、国際民主主義と国際平和のための第一歩が踏み出せないからです。

すなわち、「理論」でも「直観」でもなく、「**直感**」が問題となるならば、一人一人の「直感」を一点と数えて民主主義的に事柄を決定してゆくしかないからです。それは、国際社会においても同様です。一国の民主主義的直感は一点であり、アメリカもイランもブルネイも一票であるのが理想です。

結局、理論的・原理的・学問的に、事柄を、決定してゆく方法がない領域では、独断的・独裁的に決定するか、あるいは民主的制度で決定するしかないからです。とすれば、私たちは後者しか選びようがないというわけです。

したがって、本書の立場から見れば、「世界平和のためには、アメリカの一極独裁体制もやむをえない」とか、「独裁国家には、民主主義の押し付けも仕方がない」などと考える人々も、非民主的な原則主義者ということになります。

○相対主義？　不可知論？　懐疑主義？ ⇔ だからと言って、本書の根本的立場が「無節操な相対主義、不可知論、懐疑主義である」ということにはなりません。この点は特に重要です。

思い出してください。本書は、最初に「哲学は死んでしまった」という主張から始めました。それは、「相対主義」とか「不可知論」とか「懐疑論」などという哲学用語の無効を宣言するためです。（ただし、日常的な意味で、あるいは政治学や社会学などの専門領域で、これらの語句を使うことは、ここでは問題にしていません。）

言語はその背景に共同体を抱え込んでいます。日常生活やそれぞれの専門領域は、それぞれの「歴史・伝統・生活感覚・作業領域」を共有しており、そこで慣用となっている意味で「相対主義」や「懐疑論」という言葉を使うのは可能です。

しかし哲学者たちには、そのような「共通の生活感覚」も「共通の実効的作業領域」もありません。したがって、ここで問題にしているのは、哲学者たちがこれらの言葉を使用することであり、そして本書に対して使用することです。[注28]

実際本書は、共同体の内側と、日常的・主体的・私的領域では、「真理」も「正義」も「原則」も個別的に認めます。

また共同体の外側でも、普遍的・一般的・公的領域で、「不正義」と「非真理」と「暫定的原則」の個別事例を確認できるという立場をとっています。したがって、相対主義でも不可知論でも懐疑主義でもありません。

確かに、本書の立場に敢えて名前を付けるとすると、「楽観的消極主義」あるいは「性善説的無原則主義」と呼べると思います。しかし、それこそ機械ではない人間にふさわしい立場ではないでしょうか。[注29]

どんな場合にも通用する原理・原則に従って、選択・決定・行動するだけなら、プログラム化されたロボットにもできることです。人間社会は、「機械」でも「機械の集団」でもない非合理なブラックボックスです。一貫した原理・原則もないままに、右に左に、全体に個人に、安定に波乱にと、場当たり的に揺れつつ、二十一世紀までまあまあうまくやってきたのです。

それこそ人間にこそふさわしい歴史であり、また人間にこそ可能な問題対処法であったのではないでしょうか。

したがって私たちが、いろいろな情報・根拠・意見を参考にして、ある時は一方に、ある時は他方に、そしていろいろと学習しながら、最終的には多くの人間の直感によって、大枠としてはかなり、民主的に事柄を決定するという段階に至ったことを誇りに思うべきだと思います。

そこで、このような無原則主義に苛立つ人が現れたなら、本書の立場からはその人に「非人間的独断主義」というレッテルを貼って対抗すべきだと考えています。

C　答はある

○普通人の普通の立場　⸺　要するに本書は、知識一般についての一般論は成立しないという立場をとっています。したがって、本書が「知識一般」について何かを主張することはありえません。

その理由は、既に三章のDでも述べたように、「科学」と「数学」と「言語」と「世界」と「意識」との関係について分析哲学者も科学哲学者も、またそれ以外のどんな専門家も、明快な説明をできないからです。つまり、「真理一般」については何も言えない、というのが実状です。

ただ、個別的・具体的・逐一的に、確からしいことは確からしいと感じて十分安心し、確からしくないことには確からしくないと感じて心配になり、その中間ケースでは安心して良いのか多少不安を感じるべきかと悩むだけです。

したがって、一般的には、自然科学の成果には驚き・感心・脅威を感じつつ、かなり安心して信頼していますが、それ以外の領域の言説にはかなり懐疑・傲慢・不安を感じて批判的になっています。

私は「幽霊は居ない」と完全に確信して安心していますが、「幽霊が居ない」という決定的な証拠も根拠も持っていません。また、「ひょっとして」と考えて時々不安になったりすることも絶対にありません。私はそういう日常を生きています。

だからと言って、「幽霊」について何かを主張することは一切ありませんが、証拠まで挙げて幽霊の存在を主張する人には批判的態度をとります。

つまり、私たちは、哲学者たちの心配をよそに、根拠薄弱のまま百パーセントの確信と安心の持てる無数の事柄に取り囲まれて生きているということです。

それだけのことです。それ以上に裏も表もありません。相対主義でも、懐疑主義でも、不可知主義でもなく、また普遍主義でも絶対主義でもなく、ただ単にそういう種類の日常を生きているだけです。変に知的哲学的になってしまった人以外は、すべてそのような日常を生きています。

つまり、「自然科学は相当に信頼できる」という主張や「今後も哲学が絶対に成り立たない」という主張に関して決定的な証拠も根拠も私は持っていませんが、その逆の主張には批判的態度をとるだけの論拠はあると思っているのです。

また、どのような「無条件の正義」についても、「幽霊の存在」に対する時とまったく同様に、「批判的な日常の立場」に立つことは可能だと考えています。

そして、否定主義の向こうにチラチラする「神様」、「大いなる自然」、「人の道」、「本来」、あるいは「魂」、「いのち」、「最終的真実」、「普遍的正義」などというものは気にしないで――あるいは、気にしなくてもちゃんとやって行けるので――ただ単純に、真っ直ぐに、しっかりと、真面目に、みんなで仲良く生きて行く努力をすべきだと考えていますし、今実際に世界中のかなりの人がそうしています。だから、この調子でやって行けば良いと考えています。

○真っ当な二重基準《ダブルスタンダード》　そして今後は、対内的と対外的、共同体の内と外、家族の内と外など、つまり私的領域と公的領域は明確に区別しなければなりません。

その際、比較的ゆるい共同体は、家族のような強い共同体にとって、やはり非‐共同体であり、同じことは会社、地域、国など、それぞれのレベルで相対的に区別されることになります。

なぜそのように区別しなければならないのかと言えば、肯定主義的活動のフロンティアをそれぞれのレベルで確保しなければならないからです。つまり、社会全体を一個の――「家族」や「宗教団体」のような強い意味での――共同体にしてしまうことはできないし、すべきでもないからです。

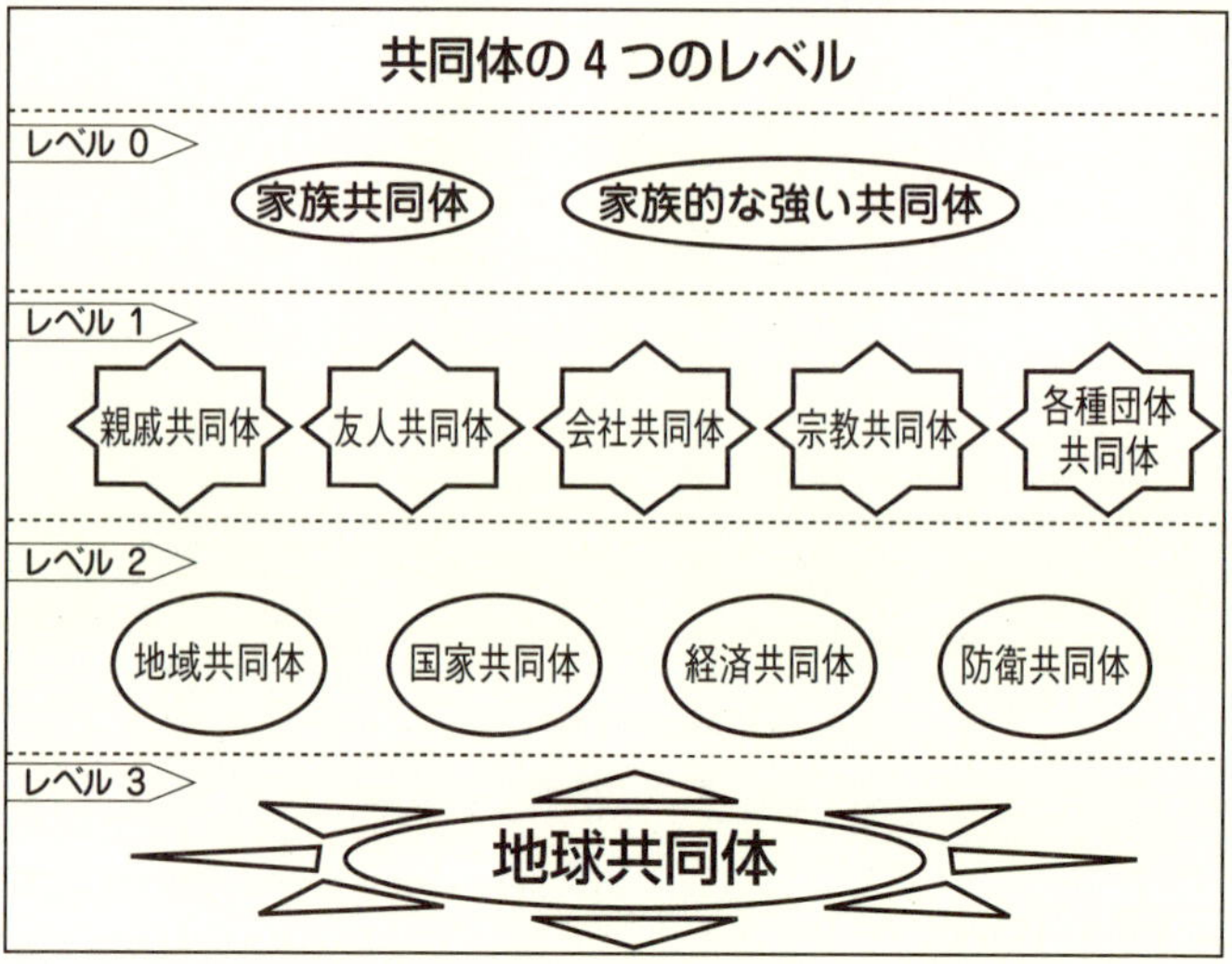

そしてまた、「真理と正義に関する一貫した理論」（＝哲学）が成り立たないので、あらゆる状況に通用する原理・原則はなく、状況に合わせて判断しなければならないからでもあります。

実際、多かれ少なかれ、これは世界中の「大人」が実践していることですが、そのやり方をこの際意識化し、標準《スタンダード》化しなければなりません。

そして、家族レベル、親戚レベル、友人レベル、サークルレベル、各種団体レベル、地域レベル、都市レベル、国レベル、世界レベルにおいてその区別を常時明確にしておかなければなりません。つまり、**二重基準**《ダブルスタンダード》です。そうすると、身内にも他人にも、また国内でも世界でも、話が通じる可能性があります。

そこで、「今は答のない閉塞状況にある」と考えている知識人や政治家やジャーナリストにハッキリとここで「答」を提示しておきます。

○答 ⇅ 公的領域では、「歯止め装置」としての民主主義をしっかりと維持する担い手となり、日々寛容の精神を培《つちか》うように努力し、自分と他人——自国と他国——の両面性と多様性と可塑《かさく》性（＝あらゆる方向への柔軟な適応可能性）と非合理性を容認し、そのために「正義と真理によって世界全体を完全に高潔にする」という積極的理想は放棄し、[注30]**「全人類に《活動の場所《フロンティア》》と《安全な避難所《セイフティー・ネット》》と《相互調整の機関《グローバル・ガバナンス》》を確保しつつ、共存・共栄を図る」という消極的理想を掲げなければならない。**

そして私的領域では、自分（自国）なりの「真実」と「筋道」と「禁欲的・否定主義的理想」の実現に、積極的に、そして楽観的に、努力する側面もなければならない。

（ゆるい意味では、どんな集団も、どんな国も、そして世界全体も共同体であるし、またそうあるべきですから、その範囲でそれぞれの共同体にはそれぞれの否定主義的原則が必要になります。

そしてその場合、比較的強い共同体が成立したら、「神」、「魂」、「いのち」、「大いなる自然」、「真実」、「誠実」、「人格」、「誇り」、「名誉」、「恥」などの言葉が意味を持つことがありえます。共同体の内部において、「人のいのちは地球より重たい」ということはありえますが、共同体の外では、せいぜい数千万円どまりであって、それに逸失利益を付け足すだけです。場合によっては数十円の値打ちもないということもあります。まして「地球より重たい」ことは絶対にありません。

したがって、家族や強い共同体のメンバーのいのちは「主体的には地球より重たい」という立場をとると同時に、「客観的には地球より重たくない」と認める**二重基準**《ダブルスタンダード》を矛盾と考える必要はありません。とにかく、共同体の内と外、主体的判断領域と客観的判断領域をはっきり区別しないと話が混乱します。）

○《体》の出す答と《頭》の出す答 ⇔ 多分、種々の国際機関やNGOが実践していること、中国共産党の改革・解放政策、またローマ法王ヨハネ・パウロ二世をはじめ、多くの宗教関係者が小出しに妥協していること、または「世界人権宣言」などを考慮すれば、右記の「答」は世界が現に動いている方向の追認である、と見なすこともできます。

しかし、それらはどこか半端で煮え切らない感じがして――つまり、普遍主義・理想主義・温情主義の鎧《よろい》が袖口からはみ出しているのが気になって――筆者はここに「肯定主義の視点」を鮮明にして明文化したわけです。

と言うよりも、右記の「答」は私が出した答ではなく、肯定主義的大衆社会全体が既に出してしまっている「圧倒的迫力を持つ答」であり、その圧力に屈して、普遍主義的・理想主義的・温情主義的言説で取り繕《つくろ》いつつ、否定主義者たちが小出しで降伏宣言をしているのが「現時点の現実」である、と考えると分かりやすいのではないでしょうか。

つまり、否定主義者たちの《頭》は、自分の《体》が出してしまっている答を認めることができないから、「現代」は「答のない閉塞状況」に見えてしまうというわけです。

○《硬直》と《絶対》をなし崩しに超えて行く日本人？ ≀ それにしても日本人は、常日ごろ「建前」と「本音」の二重基準《ダブルスタンダード》を使いこなし、ほとんど無節操に「東洋」と「西洋」の文化を取り込み、飼いならし、自分のものにしています。

明確な「真理」も「正義」も、一貫した「原則」も「主義」も持たず、そのうえ無宗教で、結局は「非東洋・非西欧型の先進国」を築き上げた日本人は、「けちくさい父権的温情的寛容」と「硬直した普遍主義」を超えて「和」に達する能力を潜在的に備えた民族かもしれません。

とすると、宗教にも理想にも原則にも関係がなく、裏も表もない「寛容」と「友好」に一番近い民族ということになり、右記の「答」に関して「身をもって世界の範」となるのに最適の国民ということになります。[注31]

○最終提案 ⇕ そこで日本国民は、自らの悲観的・消極的傾向を克服しつつ――「原則がなく、非論理的だ」などという非難をものともせず――アメリカのブッシュ大統領に、国際テロ組織の黒幕ウサマ・ビンラディン氏に、朝鮮民主主義人民共和国の金正日総書記に、イランの最高指導者ハメネイ師に、そして国連に、そして世界に、積極的に働きかけてゆくべきではないでしょうか。すなわち、「アメリカ的グローバリズム」に対抗して、「アマイ!」と言われても、「タルイ!」と言われても、「日本的グローバリズム」を打ち立てるのです。

もっとも、地球人にはこの路線以外に道はないはずですから、遅かれ早かれ、世界はそこへと向かうのですが、私たちとしては、その方向に「**《和》と《二重基準》の日本**」という烙印を焼き付けて、その流れを促進する役目を担うべきではないか、と考えているのです。

おわりに——本書全体の目的と内容と結論

日本青少年研究所が、日・米・韓・中・仏などの高校生に対して毎年行なう調査によると、他国の高校生に比べて、日本の高校生が突出して**悲観的**かつ**消極的**であるとの結果がはっきりと出ています。その差の大きさは本当に情けなくて悲しいくらいです。

特に二〇〇一年のアンケート調査で、「二十一世紀は希望に満ちた社会だと思うか?」という質問に対して、肯定的に答えた高校生のパーセンテージは、

米国　八六%　　韓国　七一%　　フランス　六四%　　日本　三四%

という結果でした（二〇〇一年は中国のデータなし）。日本の高校生が他国の高校生の約半分以下になっているのを見てください。これは由々しき事態です。

また、「社会全般に満足しているか?」について、米国の七二%の高校生が「満足」と答えてい

るのに対して、日本はわずか九%という結果が出ています。これなどは「情けない」を通り越して、あきれてしまうしかありません。

もちろん、高校生に「未来」や「社会全般」を見通す力など一般的にはあるはずもありませんから、これはまわりの大人の意見を鵜呑《うの》みにした結果であることは明白です。

とすると、その大人に影響を与えたのは誰でしょうか。もちろん伝統的国民性などいろいろ原因はあるとは思いますが、しかしやはり、それは主としてマスコミであり、その中で活躍をしているいわゆる「心ある警世《けいせい》の知識人」ではないでしょうか。

本書はそのような知識人に対抗して書かれた書物です。と言うのも、悲観的・消極的高校生を作り出すことこそ、由々しき亡国の所業だと思うからです。

ただしこれは、一部の知識人のせいにして放置しておくべき問題ではありません。日本の大人全員が責任を取るべき問題であり、直ちに行動しなければならない緊急課題だと考えています。

そこで本書は、そのための行動の一環として、敢えて楽観的な「現代観」を提示し、以下の十二の論点によって世の趨勢《すうせい》を中和しようと試みたのです。

一　「肯定主義」とは、人間の清純な側面と醜悪な側面の**両面性**を認め、さらに人間の**非合理性**

と**多様性**と**可塑《かさく》性**（＝**あらゆる方向への柔軟な適応可能性**）を承認して、それらすべてを解放する「見方・感じ方・考え方・生き方」である。（二九〜三五ページ）

二　現代社会には多少性悪の「科学」、「民主主義」、「資本主義」、「大衆社会」しか残らない。もう既に肯定主義が蔓延《まんえん》・昂進《こうしん》してしまっているからである。つまり、「反科学‐志向」も、「反民主主義‐志向」も、「反資本主義‐志向」も、「反大衆社会‐志向」も、すべて否定主義的になってしまうが、もはや現代人の肯定主義的傾向は止めようがない上に、止めるべきでもないからである。肯定主義は普通の人間の「素直な有り様」である。（四章のC）

三　「哲学」は、一度目はキリスト教否定主義によって、二度目は大衆肯定主義によって殺された。そして、今も死んだままである。しかも、それで良いのである。理由は、「哲学」も「宗教」も「理想主義」も、同じ意味で「民主主義・無原則の寛容・肯定主義」の敵だからである。（七一、九七ページ）

四　「哲学」は死んだが、「思想」は生きている。しかも、対立する正反対の思想があって、そのどちらもそれぞれの適所で生きており、どちらも全面的な正当性を主張することはできない。そして、そのような対立思想が五通りある。（一章のB）

個人主義―全体主義　**科学主義―神秘主義**　**心情主義―結果主義**
真実主義―ソフトウェアー主義　**肯定主義―否定主義**

五　「民主主義」と「科学」と「哲学」を生み出したのは、「情報化された商業社会」を築き上げた古代ギリシアの都市国家群である。「古代ギリシア社会」と「現代大衆社会」は、「肯定主義」を容認する点で似ている。つまり、今は「**大衆肯定主義**」の時代である。古代の「**貴族的肯定主義**」の**神様**・**貴族**・**英雄**に相当するものは、現代では**スター**・**有名人**・**チャンピオン**である。現代の陰惨な猟奇事件や有名人のスキャンダルに相当するものは、ギリシア神話の世界でもありふれた行状である。それ故、神話の世界と現代のマスコミの世界は想像以上に似ている。（口先では、清潔・安定・善良・普通の人生こそ素晴らしい、などと否定主義的であるが、肯定主義的大衆社会全体はそれらを経済的応酬の形で、あるいは無意識的価値判断で、否定している。）（一二四～八ページ）

六　古代には、野蛮な身分制度と地理的フロンティアが人間のマイナス面を吸収して、貴族的ニーチェ的肯定主義が成立した。しかし、宗教、封建主義、共産主義などの否定主義的理想主義では、人間の両面性を解放するためのフロンティアが閉ざされる。その点では、猥雑な資本主義社会は、私利私欲の追求をはじめとして、人間のあらゆる側面を解放するのに適当な**フロンティア**を提供する。そのために、地理的フロンティアがなくても、古代と同様に現代でも肯定主義が成り立つようになった。と言うよりも、実際には、大衆社会の肯定主義的欲望は資本主義的市場経済によっていつの間にか解放され、横行している。（一二三、一三三～五ページ）

七　科学も知的冒険心と経済的利益のための**フロンティア**を提供する。しかも科学は、結果主義と真実主義の要求（利便性と普遍性の要求）に呼応する唯一の人間活動であるが、「なぜそうなのか？」を「数学」絡《がら》みで説明できる者は誰も居ない。つまり、「無知の知」を唱えたソクラテス以来、「知識一般」に関して誰もわかったようなことは言えない。（三章のDと一四三～四ページ）

八　したがって、科学も真実（絶対的真理）であるとは言い切れないが、しかし科学以外に真実（絶対的真理）を標榜しうるものは現実に見当たらない。特に、社会的政治的領域において真実（絶対的真理）はありえない。故に、十種の思想はそれぞれすべて適所において有効であるはずだから、あらゆる意見・説・理論には平等の発言権を与えなければならない。故に民主主義以外の政治的枠組は考えられない。そして、民主主義はどこまで改良しても、不安定な**フロンティア**である。（五章のAと一三一～三ページ）

九　「心ある人々」は奇麗事を並べて現代社会の荒廃を批判する。しかし、彼らは否定主義者であり、結局「半分の心しか持たない人たち」ということになる。基本的には現代は、ほとんど理想的に事態は進行していると見るべきである。だからと言って、事態が理想状態に向かっているという保障はない。「現代大衆社会」は予測の付かないブラックボックスであり、未踏のフロンティアだからである。そこで、事態をコントロールするための工夫は常時必要である。ただしその際には、一般的方法も普遍的原則もないし、あってはならない。ケース・バイ・ケースの「場当たり手続き」でやって行くしかない。（一六六～七〇ページ）

十　システムとしての「科学」も「民主主義」も「資本主義」も、結局は**非合理なブラックボックス**であり、**欲望のブラックホール**であり、**危険な未踏のフロンティア**である。その三つの坩堝《るつぼ》である「大衆社会」は特にそうである。多少の「災害・犯罪・退廃」という代価を支払っても、その**ブラックボックス兼ブラックホール兼フロンティア**を閉じるという代案はない。人間の両面性・多様性・可塑《かそ》性（＝あらゆる方向への柔軟な適応可能性）・非合理性を容認・解放しなければならないし、容認・解放せざるをえないからである。（四章のC）

十一　現時点で「学問としての哲学」は成立していないので、「正義」と「真理」を確定することはできないが、「直感」によって、「不正義」と「非真理」の個別例・具体例を逐一的に確定することは可能である。そして、公共的にはそれで十分である。その「個々人の直感」にしか頼れないという現実が、民主主義を正当化する本当の理由であるとともに、哲学が成立しえない理由でもある。（一五八〜九ページ）

十二　いずれにしても、人間の**両面性・多様性・可塑《かそ》性（＝あらゆる方向への柔軟な適応可能**

性）・**非合理性**を容認・解放しなければならない。そのために、「無原則の寛容」と「無条件の和」と「二重基準《ダブルスタンダード》」を公認し、「正義と真理によって世界全体を完全に高潔にする」という**積極的理想**は放棄し、「全人類に**活動の場所**《フロンティア》と**安全な避難所**《セイフティー・ネット》と**相互調整の機関**《グローバル・ガバナンス》を確保しつつ、共存・共栄を図る」という**消極的理想**を掲げるべきである。（一七三〜八ページ）

「現代の全体」をおさえるためのキット一覧

キット一般	本書のキット
哲学	哲学の不成立
思想	五種のペア、合計十種の思想
正義	不正義の個別例の逐一的確定
真理	非真理の個別例の逐一的確定
原則	暫定的原則の個別例の逐一的確定
社会	大衆肯定主義社会
民主主義 資本主義 科学技術ないし学問一般	予測不能のブラックボックス 欲望のブラックホール 人間活動のフロンティア
人類のための活動の場所《フロンティア》	政治、市場、学問、芸能、スポーツ、趣味、恋愛など
人類のための安全な避難所《セイフティー・ネット》	種々の人権主義的セイフティー・ネットなど
人類のための相互調整の機関《グローバル・ガバナンス》	種々の国際機関、種々の地方機関など
共同体の様態	種々のレベルの共同体と種々のレベルの反共同体の並存
平和	無条件の友好と無原則の寛容

上記のキットを使って、読者諸氏はそれぞれの「現代観」を構築してください。

注記

注1（一五ページ）　「分析哲学」とか「言語哲学」とか「科学哲学」、などと呼ばれている学問活動の現状を、専門外の人が見当付ける一番良い方法は、認知科学の現状から類推することです。

一九七〇年代から、分析哲学あるいは言語哲学はコンピューターサイエンスの推論過程の研究と同調して歩を進め、結局は両者ともに「認知科学」と呼ばれるヌエ的領域になだれ込むのです。ところが、それから二十年間ほどの試行錯誤の後、結局「意味」とか「推論」に関しての原理的一般的体系の構築は放棄され、場当たり的個別的研究が幅を利かすようになり、そのまま今に至っているというのが実状です。

つまり、ロボットが人間のように日常会話をこなすために役立つはずの「意味や文法に関する普遍的言語理論」はできそうにないということです。したがって、言語構造を踏まえて、哲学言語の病を治し、知識全体の整理統合を図る当てはなくなった、ということです。

もちろん将来、ロボットがかなり達者にしゃべれるようになることはありそうなことです。がしかし、そこから分析哲学者あるいは言語哲学者が二十一世紀にふさわしい哲学を構築するためのネタを仕入れるということはありそうもないということです。なぜなら、翻訳機械であれ、おしゃべりロボットであれ、それは容量頼みの場当たり的学習機械でしかなく、当面それ以上のものになる当てはないからです。

注2（一九ページ）　ここではアッサリと「トーマス・クーンが《パラダイム》という概念を定義しようとして失敗している」と言いましたが、それは専門外の人にとっての分かりやすさを考慮してのことであり、より精確には、「《パラダイム》という概念は、クーン本人も認めているとおり、混乱しており、後にそれを《専門母体》という言葉に換えて定義し直したが、その後科学論の世界で《専門母体》という語が定着し、科学的活動のある側面を表す言葉として標準化したわけではないし、彼以外の誰かの定義が標準化したわけでもない。したがって、科学的活動について完全に記述することは当面できないし、《科学主義》という思想を言葉で完全に言い表すこともできない」と言うべきでした。

これらの問題を明確にしたい読者はトーマス・クーン著『科学革命における本質的緊張』(みすず書房)の第十二章を読んでください。そこにおいて本人がパラダイム概念の曖昧さを認めています。(**↓注17**)

また、この問題はインターネットで「パラダイム」という語で検索してもすぐに出てきますが、たとえば内井惣七著『科学哲学入門』(世界思想社)の七章を読めば、「科学活動」を言葉でおさえることがいかに厄介なことであるのか、ということが露骨に分かります。

注3 (二二ページ)　この十通り以外にも、合理主義と非合理主義、主観主義と客観主義、主体主義と客体主義、人間主義と宇宙主義、などいくらでも付け足して行くことはできますが、差し当たり、必要な範囲で十通りにしました。もし、読者のどなたかが、必要と思われたら、ご自分で自由に付け足してくださってもかまいません。

いずれにしても、これらの「……主義」のペアは人間なら誰しも多少とも持っている側面から抽出したものであり、それ以上のものではありません。

注4 (三九ページ)　「《現代》はギリシア的である」という主張に対する批判は、次の著書で大掛かりに為されています——ポール・カートリッジ著『古代ギリシア人』(橋場弦

訳、白水社）特にエピローグを参照してください。ただし、カートリッジもそのことを全面的に否定しているわけではありません。

注5（四九ページ）　この辺りの事情をもっと詳しく知りたい人は、たとえばテレンス・アーウイン著『西洋古典思想』（川田親之訳、東海大学出版会）の第2章か、原・岩田・伊藤・渡辺著『西洋思想の流れ』（東京大学出版会）の第1章、あるいは地中海文化を語る会編『ギリシア・ローマ世界における他者』（彩流社）のⅣ章を読んでください。

そこでは、「肯定主義」という言葉は使っていませんが、今までに紹介した考え方が、もっと具体的に解き明かされています。

注6（五三ページ）　トゥキュディデス著『歴史』（岩波書店）の第二巻三五～四六を参照してください。

注7（五五ページ）　ヘロドトス著『歴史』（岩波文庫）の巻二、二十節を参照してください。また、当時の知的好奇心や知的功名心の様子を手軽に知りたいのなら、内山勝利著『哲学の初源へ』（世界思想社）の一部三章を参照してください。

注8（六二ページ）　ここで言う医学者のグループとは、コス島のヒポクラテス派のことです。彼らについてはいろいろな書物に取り上げられていますが、たとえばテレンス・アーウィン著『西洋古典思想』（東海大学出版会）の第三章六節と七節を参照してください。

注9（七五ページ）　私たちの主観側に――前もって（?）――備わった枠組（ソフトウェアー）を通して物事は認識される、とカントは主張し、その枠組の構造と内容を具体的に提示したのですから、彼の哲学がソフトウェアー主義の一種であることは間違いありません。

また彼は、倫理を根拠付けるために、崇高の念を背景にして、絶対的・強制的に私たちに迫ってくるものを設定しましたが、それは非宗教的に、宗教と同一の心情効果を持つものを導入するためでした。その点で基本的にはストア的心情主義と同じだったわけです。

ストア主義の創始者ゼノンはセム族出身の人ですが、ユダヤ的「抽象的唯一神」を宗教的に持ち込まずに、世俗的かつ理性的なギリシア古代社会に受け入れられやすい形の「ロゴス（＝理法）」というものを設定したのです。そして、それに神の代わりになる役目を負わせて倫理を基礎付けたのです。

つまり、ゼノンが古代の世俗的・理性的ギリシア社会に迎合した心情主義だったのに対して、カントは十八世紀の世俗的・啓蒙的ヨーロッパ社会に迎合した心情主義だったわけです。

注10（七八ページ）　多分皆さんは、普段の生活では大体実証主義者であり、科学技術の恩恵を享受している時は実用主義者であり、団体で事柄を決める時には功利主義者であり、出世・金儲け・恋愛ではニーチェ主義者だったりします。

また、十九世紀哲学としてマルクス主義を思い浮かべる人もいると思いますが、ここでは一般向きの解説書のつもりなので、話が複雑になるのを避けるため無視しました。「マルクス主義」は本書の立場からは「科学主義・全体主義・否定主義」として総括できると考えています。

注11（七九ページ）　「一般の人にとってニーチェは意味がない」というここでの主張は、本書では次の節で述べますが、それとは別の形で永井均氏も主張しています。

「私は、これまでニーチェについて書かれた多くの書物に不満がある。それらはたいてい、ニーチェという人物とその思想を、何らかの意味で世の中にとって意味のあるものとして、世の中に役立つものとして、描き出している。私には、そのことがニーチェの真価を骨抜きにしているように思える。ニーチェは世の中の、とりわけそれを良くするための、役に立たない。どんな意味でも役に立たない。だから、そこにはいかなる世の中的な価値もない。そのことが彼を、稀に見るほど偉大な哲学者にしている、と思う」(『これがニーチェだ』講談社現代新書、七頁)

ちょっとひねくれた言い回しですが、確かにそのとおりであり、一般的な意味はなくても、ある種の生き方の中で窒息しそうになっている人の一部にとっては偉大な哲学者である可能性は当然あります。

注12(八一ページ) マッキンタイヤー著『美徳なき時代』(篠崎栄訳、みすず書房)を参照してください。

注13(九三ページ) たとえば、次の論文「野獣、詭弁家、耽美主義者」(リュック・フェリー/アラン・ルノー他著『反ニーチェ』遠藤文彦訳、法政大学出版局、叢書ウニベルシタス502に所収)の著者アンドレ・コント=スポンヴィルもそのように感じているようです。特に、同書の四四頁と四五頁を参照してください。

注14（九三、一〇八ページ）　しかし、十九世紀においても、そして二十世紀においても、さらには二十一世紀の現在も、必要以上に否定主義がはびこっている社会においては、不当な肯定主義であっても、ニーチェは魅力的な思想家として人気は続いております。その一つの形がドゥールーズ＝ガタリの哲学です。

ニーチェがギリシア的・貴族的・肯定主義であるのに対して、ドゥールーズ＝ガタリは資本主義的・大衆的・肯定主義と呼べると思います。

現代資本主義社会の分析に関しては、それなりの内容はあるとは思いますが、思想的にはニーチェと同様に、否定主義を徹底的に排除する点で不当な「見方・感じ方・考え方」だということになります。さらには、肯定主義を貫徹するために精神病的になることさえ推奨するところで、やはり普通の人間は白けてしまうのです。

ただし、実際には行動しない知識人の欲求不満を、本を読んでいる間だけは癒してくれる内容にはなっており、ニーチェと同様に「やっぱり、口ばっかりだ」という印象は拭えません。

たとえば、何人もの好みの男と楽しみながら援助交際をし、ブランドものを着こなしている女子大生が居たとしてみましょう。彼女はちょっと高慢で我がままな性格であったのですが、美人というわけでもなく、また大して才能もないのです。

そのせいもあって、「自分よりもレベルが上の男」にあこがれておりましたが、言い寄ってくる男と、金になりそうな男を断り切れないという傾向もあったのです。

ただし、ちょっと具合が悪くなると未練も躊躇《ちゅうちょ》もなく、男も友人も家族も捨てて、新しい男、新しい友人へと渡り歩いて行くのです。つまり、ちょっと鬱陶《うっとう》しくなるとどこかでも逃げ出してしまうのです。

その上、彼女には「マイ・フェア・レディー」のイライザのような素朴さもあって、男を変えるたびに影響を受け、レベル・アップして行くのです。そして、お金が貯まったところでたまたま留学することを思い付き、留学先でも派手に先生やクラスの男たちとの交際を楽しみ、その折々の交際相手からの影響もあって、いくつもの専門領域を節操もなく渡り歩き、楽しみながら学習・研究したのです。

そして、それらの楽しい活動の結果、新奇で画期的な研究成果に無理せずに辿り着いたと仮定しましょう。そして、結局は日本に戻って大学講師になったのです。

そのような女性がドゥールーズ＝ガタリの本を読めば、自分のことを書いていると気付いて、笑ってしまうのではないかと思います。そして、これからもこの調子でやって行けば良いのだ、とほくそえむかもしれません。

しかし、その時には、妊娠中絶をした時の複雑な気持ちや、ちょっと本気になってしまった男に振られて、自分の人生全体を否定したくなった時の気持ちは忘れている可能性があります。

また、何かトラブルや病気に絡《から》み込んで逃げ切れなくなる可能性について、あるいは、「横着を決め込んで逃げるための世間・集団・社会」からも排除されて、逃げ出す場所も逃げ込む場所も与えられなくなる可能性について、真剣に考えていない可能性もあります。やはり、肯定主義は、ある一定の「ケース・状況・期間」でのみ有効な「ものの見方・感じ方・考え方」でしかないのではないでしょうか。

注15（九五ページ）　同じように二十世紀哲学を否定する主張は加藤尚武著『20世紀の思想――マルクスからデリダへ』（PHP新書）にもあります。本書の簡単過ぎる総括に満足できない人はこの本のエピローグのところを読んでみてください。また、リチャード・ローティーの著書にも本格的な哲学否定の論拠が展開されています。それについては**注20**を参照してください。

注16（九八ページ）　コリン・マッギン著『意識の〈神秘〉は解明できるか』（石川幹人・五十嵐靖博訳、青土社）の七章と、ジョン・ホーガン著『科学の終焉』（竹内薫訳、徳間書店）の九一頁から九三頁を参照してください。

注17（一〇〇ページ）　科学は、徐々に連続的に発展しているように見えるのですが、よく

見ると、時々革命的・飛躍的に発展する時期があります。そのような革命的飛躍は「パラダイム」の交代によって引き起こされる、とクーンは主張したわけです。それは、一九六〇年代当時としては新鮮で、魅力的な主張であったことは間違いありません。（**➡注2**）

それでは、「パラダイムとは何か？」ということが問題なのですが、それは科学者集団のある時期の共通の前提や思い込み、作業手順や検証方式、などを漠然と意味する言葉ですから、言うなれば、ある時期の科学者集団の科学的探究活動を成り立たせている「共通のソフトウェアー」だということになります。

つまり、科学的探究活動のソフトウェアーは、微調整ないし微修正で済《す》む時期と、それでは間に合わず、ソフトウェアーそのものを入れ替える時期とがあり、それが科学の革命的発展の時期に相当する、というわけです。

たとえば、ニュートン力学からアインシュタインの相対性理論への転換は、まさにそのようなソフトウェアーの入れ替えの時期であった、ということになります。

注18（一〇〇ページ）　デリダは、私たちの言語活動は、私たちの思い込み（ソフトウェアー）によって変形させられており、そしてそのことを指摘する主張も別の思い込み（ソフトウェアー）によって変形させられているので、結局はハッカー行為による思い込み（ソフトウェアー）の破壊（脱構築）しか意味がないと主張し、実践するのです。

注19（一〇三ページ）　科学哲学者も、言語哲学者も、それ以外の哲学者も、「相対主義」、「実用主義」、「実在論」、「形而上学」、などの言葉を使いながら「科学」や「知識一般」について何かを主張する前に、「物理学と数学、世界と物理学、世界と数学、世界と言語、言語と数学、意識と言語、思考と言語、などの関係はどうなっているのか？」という問題に答えるとともに、「なぜ物理学はあれほど成功するのか？」についても明らかにしなければなりません。

しかし、これらの問いに有効に答えることは、現在のところどの哲学者も成功していません。

また、科学者（特に物理学者）と数学者の一部が、一緒にあるいは別々に、「自分たちの活動は真実の探究であり、事実それは成功しつつある」と主張した場合、その主張に有効に反論することはできるでしょうか？

実際のところ、哲学者にも、それ以外の誰にも反論できません。この現実は受け入れなければ仕方ありません。現在のところ、客観性と普遍性を要求しうる学問的活動は、その領域にしかないからです。

同様に、二千五百年以上も前に、ピタゴラスが「創造神は数学者であり、この世界は数学的に構築されたのである」と主張しましたが、全哲学史を通じて、彼に有効に反論を為しえた哲学者はいるでしょうか？

「神」を否定するのは、「幽霊」を否定するのと同じくらい困難なことですから、そんな哲学者は居るはずがありません。

したがって、二千五百年以上たっても、未だに、彼、ピタゴラスに有効に反論することはできない、という事実も受け入れなければなりません。

その上に、科学の歴史をじっくり眺めると、現代科学への道を切り開いたのも、現代の最先端の数学的物理学を予想していたのも、ピタゴラスがただ一人の哲学者であった、という見方もできるのです。

というわけですから、「知識」と「真理」に関しては、人類史上ピタゴラスの「一人勝ち」ということにもなりうるのです。

こんなバカバカしい事態を前にしては、「哲学」という言葉をはじめとして、「実在」、「存在」、「解釈」、「相対主義」、「懐疑主義」などの言葉は、どれも使用しないというのが現代人の基本素養というものではないでしょうか。

もっとも、これらの言葉を日常語として、あるいは政治法学的文脈で使うのは許されます。（その理由は一六八～九ページに述べています。）

注20（一〇六ページ）　これは哲学に詳しい読者にだけ意味のある注記ですが、「評論活

動」と聞けば、リチャード・ローティーを思い出す人も多いはずです。そして、実際にローティーの著書を読めば、立論の仕方が違うだけで、本書の主張とほとんど重なっていると感じるはずです。

しかし、後に**注29**でポパーに関して述べる理由と、ほとんど同じ理由で本書ではローティーに言及するのは避けました。そのことに納得できない人は次のように考えていただけないでしょうか。

つまり、ローティーが欧米の社会に対して遂行しようとしたことの一部を、多分その影響がなかなか及ばないであろう日本の社会において、日本の社会に受け入れやすい形にして遂行しようとしているのが本書である、と考えていただけないでしょうか。

あるいは、ローティーとは別の論拠から、別の仕方で根拠付けて、ローティーと同じ主張を展開しているのが本書である、と考えていただけないでしょうか。

それも、一般の人にとっては、ローティーよりもより分かりやすい形で、哲学不成立が確認された後の「《世界》や《社会全体》についての考え方」への指針を提供しようとして、ちょっと無理をしているのが本書であると考えていただけないでしょうか。

また、本書で言う「ソフトウェアー主義」とドナルド・デイヴィドソンの言う「図式と内容の二元論」との関係が気になっている人も居ると思います。

結果としては、本書はそれらとほとんど同じことを主張していることは間違いありません。しかし、デイヴィドソンの真理条件的意味論は、結局は本人にもよく分からないことを主張しているように思える個所が何箇所もある上に、基本的には哲学の専門家向けの議論でしかありません。

つまり、本書では「言語」と「意味」と「意識」と「世界」との関係はどんな意味でも──つまり肯定的にも否定的にも──語れないという態度をとっていますので、実在論も実用主義《プラグマティズム》も、いかなる種類の意味論も、いかなる全体論的知識観も、その逆のいかなる原子論的知識観も、結局は否定することも肯定することもできないと考えており、結局は「それらにはどんな意味でも触れない」のが正しい対応だと考えているからです。

ただ私としては、哲学などまったく知らない普通の人に、普通の感覚で通じる内容を伝えるためにだけ言葉を使うべきだと考えていますし、それで伝わる内容だけが意味のある主張だと考えているからでもあります。

つまり、デイヴィドソンの主張はどんなに工夫しても普通の人、あるいは普通の大学生には伝わらないはずです。（これは高等数学が伝わらないのと意味が違います。）したがって、ただそれだけの理由で、彼の主張を無視することは正当化されると考えています。

というわけで、どんなに読書力と好奇心を持っている人でも、哲学の専門家以外の人にとって、デイヴィドソンの書物は読む必要はないと思います。

しかしローティーに関しては、知識人は読むべきだと思います。たとえば、リチャード・ローティー著『哲学と自然の鏡』（産業図書）、リチャード・ローティー著『哲学の脱構築』（御茶の水書房）、そして解説書としては、渡辺幹雄著『リチャード・ローティーポストモダンの魔術師』（春秋社）などがお勧めです。

注21（一一三ページ）　社会学では、「大衆社会論」という研究分野が確立されています。ここで述べた現代社会についてのいろいろな問題に関する議論は、たとえば、飯田哲也編『「基礎社会学」講義』（学文社）の第六章か、あるいは佐伯啓思著『偽装された文明』（ティービーエス・ブリタニカ）の第一部、から読み始めてみてください。

注22（一一六ページ）　トゥキディデスの言う「人間の本性」については、テレンス・アーウイン著『西洋古典思想』（川田親之訳、東海大学出版会）の第四章七節から十節を参照してください。また、同様のことは当時の悲劇作家によっても主張されています（地中海文化を語る会編『ギリシア・ローマ世界における他者』彩流社のⅣ章の四節）。このような考え方は当時のギリシアでは常識の一部になっていたのかもしれません。

注23（一二九ページ）　具体的に、今後どのような方向へと努力すべきかについては、「世

界人権宣言」とマンハイムが遺書として残した『自由、権力、民主的計画』（Freedom, Power and Democratic Planning, 1950）などが参考になるのではないでしょうか。マンハイムの遺書の訳が城塚登著『社会思想史講義』（有斐閣）の一六〇頁から一六一頁に載っていたので、ここに書き写します。「民主的計画は、民主的統制に基づく自由のための計画である。それは特定の集団のためではなく、多数の人のためになされる計画である。それは〈豊かさのための計画〉、すなわち、完全雇用と資源の完全開発、特権よりも純粋な平等の基礎に基づいて報酬や地位の分化を認める計画、つまり絶対平等よりも社会正義のための計画、無階級社会をつくるための計画ではなくて貧富の大きな差をなくす計画、低準化しないで文化的水準を保つための計画、伝統において価値あるものを破棄しないで進歩をはかる計画的なものへの転化、社会統制の手段を整合することによって大衆社会の危険を防止する計画、権力の集中と分散のあいだのバランスをとるための計画、パーソナリティーの成長を鼓舞するために社会の漸進的な変形をはかる計画でなければならない。要するに計画化であって、画一化であってはならない。」

注24（一四三ページ）　オルテガ著『大衆の反逆』（神吉敬三訳、ちくま学芸文庫）の十二章「専門主義の野蛮性」を参照してください。

注25（一五二ページ）　彼は、ハイデッガーに言及しながら、「神々とともに親しくある場所」へ回帰して心安らげることが、虚無主義《ニヒリズム》の克服に繋がるようなことを仄めかしてもいます。

しかしそれは、神社やお地蔵さんがあちこちにあって、近所のお婆さんがお花と水をあげている小道をゆったりと散歩する、というようなイメージに憧れるUターン志望の都会のサラリーマンとほとんど同じものではないでしょうか。

そして、それは慢性疲労気味のサラリーマンに特有の心理状態であり、そういうサラリーマンでも元気がある時は、スリルと手ごたえ感に満ちた都市生活にこそ自分の居場所があるように感じて充実していたはずです。

要するに、どちらにもそれぞれの長所・短所、向き・不向きがあるだけではないでしょうか。

たとえば、都会に出たがっている若者が何かの事情で田舎から出られないとすれば、その若者にとって「田舎」は非人間的で虚しい抑圧社会であるはずです。

結局、どちらにも人間的な部分と非人間的な部分、虚しい部分と充実した部分があるわけですから、それぞれに良い形で順応するように努力と工夫をするしかない問題です。

それに人間は猿から進化する過程で、森を抜け、田舎を捨てて、新しい都会的環境に順応してきているはずです。今更退屈で不便で、しがらみと訳の分からないことに満ちている上に、「通常は鬱陶《うっとう》しくて厳しい自然」と共に生きる田舎生活など、普通の都会人には適応不能だと思います。

また佐伯氏は、「人間は誰しも本来の所属すべき故郷に帰るべきである」という前提で話を進めており、人間には田舎や故郷への帰属願望と離脱願望の両方があるという当たり前のことを考慮していないように思えます。

そんなつまらない問題がハイデッガーと共に大層な哲学的問題に感じられるのは、所詮解決できるはずもない「観念的ニヒリズム」（解決する必要がない）と「生活上のニヒリズム」（解決する必要がある）とを一緒くたにして（八五～六ページ）、それでも解決の可能性を無理に示そうとするからだと思います。

また、佐伯啓思氏は前著『人間は進歩してきたのか』（ＰＨＰ新書）においても、ニヒリズムに関してまったく同じことを主張しながら、今の時代が昔より良くなっていることを否定して、人間は進歩していないという暗い現代観を提示しています。

私にはそれは非常に性質《たち》の悪い考え方のように思えます。今のＥＵ（ヨーロッパ連合）を見ても、最近韓国の俳優や歌手が日本でもてはやされている様子を見ても、世の中が昔に比べて決定的に良くなっていると思えるからです。

さらに言えば、青年がホストをしながら留学費用を稼ぐのも、またはある女性が援助交際で大金持ちになって裕福な老後を過ごすのも、コンビニで働くフリーターが散歩の途中に川原の石に腰掛けてマクドナルドのハンバーガーを食べながらウォークマンでバッハやマーラーを聞いて感動できるのも、現代だからこそ可能になったことです。それはそれで、昔よりも多くの人に多くの可能性が開けた分だけ良くなっていると見るべきではないでしょうか。そして、青年ホストにしろ、援助交際の女にしろ、フリーターにしろ、その境遇のために苦しんでいる人がいたならば、それはそれで、社会や政治経済のシステムとの関係で議論されるべき問題です。

それにもかかわらず、それを本来的な人間のあり方からの逸脱だの、薄っぺらで感動のない生き方だの、技術主義と形式主義がもたらす空虚な生活だの、と難癖をつけるのは、いろいろな人間のいろいろな生き方・間に合わせ方・取り繕い方・ごまかし方・順応の仕方を否定する性質《たち》の悪い否定主義の一種に思えます。

そしてまた、そのような考え方は、人間が進化と適応によって本質を変えつつあるかもしれないことも、考慮していないように思えます。

確かに、見方はいろいろとあるというのは認めますが、いずれにしても、良くなってきていると思わないと、人間はもっと良くしようという気持ちがわかないはずです。したがって、佐伯啓思氏の反進歩観は現代社会のある側面への警告としては有効なものであったとしても、それを哲学的議論で粉飾して、必要以上に暗い現代観になっていることが問題だと思います。

と言うのも、哲学的議論で強化された暗い主張は、同じく暗い現代観を持つ多くの知識人たちに口当たりの良い書物として流行し、その暗さが増幅されて、結局は高校生や大学生たちにまでその影響が間接的に及んで行くと思うからです。

注26（一五七ページ）　もしある相対主義的科学哲学者が決定的反論を持っていると主張するなら、その人に「数学も相対的真理か?」という問いと、「数学と物理学と実在の関係はどうなっているか?」という問いを提示してみてください。そして、それに答えたら、それと彼の主張する「決定的反論」との関係を説明してくれ、と要求してみてください。多分答えられないと思いますし、答えたとしても、その主張の怪しげなところは一般の大学生でも分かると思います。

注27（一五八、一〇八ページ）　たとえば、ロールズの「正義論」は有名ですが、しかし彼の「公正」の概念の背景には、結果主義と個人主義と心情主義が前提されており、ある適当な社会においてのみ有効な意見の一つでしかありません。

その証拠に彼の理論を家庭内に持ち込むと、ほとんどの場合不適合を起こしますし、またかなりうまく運営されている共同体の中に持ち込んでも、不適当な白々しい理論となります。

その理由は、強い共同体や家族内では、彼の主張する「無知のヴェール」や「合理的選択」などを経由しなくても、集団内の一番不利な人をできるだけ有利な状態にしようとする自然な気持ちが働くのが普通だからです。

また、共同体であれ、非共同体であれ、人間の「非合理な選択」の可能性が封じられるとすれば、それは人類進化のためにも、肯定主義的人間解放の立場からも、望ましくないと思うからです。

その点に関しては、私はハッキリと非合理主義の立場に立ちます。人間が人にやさしくするための理論も、冷たくするのを禁じる理論も、不要だと思うからです。

別に筋の通った理論でバックアップしなくても、隣人や弱者に対してただ単にやさしくしなければならないだけのことであって、要するに、倫理や道徳に理屈は関係ない、と考えています。

注28（一六九ページ）　哲学に詳しい人へのコメントとして付言すれば、ここで言っていることは、ヴィトゲンシュタインの言う「言語ゲーム」に関する主張の別様の言い換えにすぎません。

注29（一六九ページ）　本注も哲学に詳しい人だけのためのものですが、本書の主張をここ

まで読んできた読者の一部は、カール・ポパーの「プラトン批判」、「ピースミール・メソド」、「反証主義の理論」と本書の主張との関連が気になっていると思います。

実は、ポパーの著書『自由社会の哲学とその論敵』（世界思想社）の訳者である武田弘道氏は私の指導教官であり、彼の下で学部の学生の頃から分析哲学を専攻していましたから、もちろん計り知れないほどの影響を受けているわけですが、しかしここでは一般読者を想定していることと、反哲学的・日常的な立場を標榜している関係上、それらとの関連で細かい議論をすることを避けました。

私は、若干の保留付きで、基本的にポパーは正しいと考えており、本書での私の主張も基本的にはポパーを超えるものではありませんが、西洋哲学と啓蒙主義の伝統、さらには合理主義にこだわった彼の議論展開は非西洋人にとってはどうでも良いようなことが多いので、この際避けるのが賢明ではないか思ったわけです。

つまり、本書は「普通人の普通の立場」をとっていますので、ポパーであれ誰であれ、一切権威や先人に頼らず、普通の高校生や大学生に普通の言葉で語りかけて、説得できるような内容の本でなければならない――そうでないと意味がない――と私は考えているわけです。

普通人が通常、西洋哲学の伝統や「合理的な一貫性」を気にしないのと同じように、私の主張もまた、西洋哲学の伝統も合理的一貫性も気にしないで、普通の日本人の心情に訴えながら論旨を展開しています。

また、マルクスも本書ではマトモに扱わなかったし、キリスト教以外の宗教、特に仏教と否定主義との関連もまったく言及しなかったところは、筆者にとっても、読者にとっても当然気になるところです。

しかし、本書のような一般向きの書物では、そのような言及が成功裡《せいこうり》に成立したとしても、煩瑣《はんさ》な構造の立論になってしまうのではないかと危惧し、割愛しました。別冊の形でそのうちに取り上げてみたいと考えています。

注30（一七五ページ）　二〇〇三年五月二十四日の朝日新聞の「特派員メモ」の欄に、ポル・ポト派のナンバー2の幹部であるヌオン・チア元人民代表議会議長（七十六歳）にインタビューをした特派員の報告が載っていました。

百万人以上の一般人の生命を奪ったこと（一九七〇年代後半のカンボジア、ポル・ポト政権下での大量虐殺）に後悔する様子のない元幹部に苛立った特派員が、最後に「あなたには後悔はないのか」と露骨に尋ねると、「悔いが残るのは目指した理想を実現できなかったことだ。私は高潔な社会を作りたかった」と答えたそうです。

私は、彼の答が「否定主義的な理想主義」の持つ恐ろしさを象徴していると思います。多分彼は、弁解がましく言っているわけでも、強がって言っているわけでもなく、正直に答えたのだと思います。

注31（一七八ページ）　このような「無原則の寛容と無条件の友好」は、犯罪者も犯罪的国家も容認してしまわないか、という心配があるかもしれません。しかし、それは大丈夫です。

本書では、不正義の個別例を一つ一つ民主的手続きで確定できるという立場をとっていますし（一五八～六〇ページ）、暫定的原則の個別例も同様の手続きで確定できると考えているからです（一六〇、一六九ページ）。

したがって、犯罪者、テロリスト、犯罪的人権抑圧国家、などを断固排除するための原則を容認することは当然あります。すべてのものに対して無原則に寛容になるわけではありません。

あとがき

それは、一九八〇年代の終わりごろだったのではないでしょうか。当時通産省が遂行していた「第五世代コンピューター・プロジェクト」の打ち上げる花火がだんだんと地味になってくる頃だったと思います。それはまた、永年関心領域を共有していた友人の片井修氏（京都大学大学院情報学科教授）が「もう汎用型はいい。エクスパートシステムでよいのだ」と嘆息まじりに言っていた頃でもありました。

その頃までの私は、種々の意味論や語用論、さらには認知科学上のいろいろなトピックあさりに明け暮れておりましたが、自分がどんどんと哲学本来の問題から遠ざかっていることに気付いていている頃でもあったのです。

つまり、汎用型システムも一般理論も目指さない——あるいは目指せない——認知科学やコンピューターサイエンスと付き合っていても、複文問題も様相問題も、「永久文・メタ言語・客観性」の問題も、ひいては「数学」と「実在」と「超越」の問題も解けそうにない、と気付いた頃だったのです。

そのために、当時は分析哲学以外の哲学にも関心が移り、数年間はいろいろな哲学文献を渡り歩いていたのですが、結局はどの哲学領域にも、「学問としての哲学」も「《数学》の存在を本気で取り込んだ哲学」も見出すことはできなかったのです。

ちょうどその頃に、学生たちがレポートに書いてくる「距離をとった態度」から発せられる日常的文章事例に偶然出会う機会を得て驚いてしまったのです。と言うのも、そのような文章事例――デパートで子供のことを忘れてどんどん先に行く母親に対して、その子供自身が「お母さん、子供をおいてどこ行くの」と言った、などという事例――の中に、脱‐語用論的かつ超越的特性が備わっていることに気付いたからです。

その結果、認知科学にも論理学にも哲学にも白けていた私は、その種の文章事例の収集に夢中になり、結局は何百例から何千例の事例収集にまでのめり込むことになったわけです。

なぜそこまでのめり込んだのかと言えば、そこには、「超越の原初形態」と「永久文（＝発話者にも発話状況にも無関係に意味の確定する文）の発生過程」が露呈しており、従来の言語分析とはまったく別の方角から哲学へと接近する道が開けたと思ったからですがしかし、その事例収集はそのような哲学的関心に関係なく、それ自体として非常に面白く、結局は「突発事故時に発生する突発性危機意識事例」から「幼少期に多発する自然発生的変性意識事例」へと、とんでもないところにまでずれて行ってしまったわけです。

多分、私を知っている何人かの人々には、科学哲学ないし分析哲学の研究者が奇妙な事例の収集に走るなどということは、とんでもない脱線であると同時に、哲学研究者にあるまじき挙動に見えていたはずです。

しかし今から思い返せば、既存の哲学のすべてに失望した「科学主義的傾向を持つ哲学研究者」にとって、先哲の言葉よりも、学生たちの証言に依拠しつつ、大量の事例とかかわる探究作業は、「科学的実証性」を確保するための最低限の拠り所であったし、またそのような事例に見え隠れする「言語と超越」の問題や、「事実と価値と倫理」――阪神淡路大震災の時、変性意識的高揚と共に、被災者同士に思いやりと倫理感も高揚した――の問題との関連性は希望への隘路に見えていたのですから、元気を出していたのも不思議はなかったわけです。

とは言え、論理や言語から哲学へと接近するという既存の方法に見切りをつけ、その他の哲学領域の種々の方法にも白けてしまっている研究者には、そのような事例研究の結果を哲学論文の形で発表する気には到底なれませんでした。

そのために、事例自体の面白さを前面に押し出した奇妙な内容の本という形でしか世の中に送り出すことができなかったわけです。

その結果、「良質の推理小説のようなどんでん返しの本」（福嶋聡氏）と評されるような

『超越錯覚——人はなぜ斜にかまえるか』(新評論、一九九二年)や、「俗流心理学書とも人生論とも異なるヘンテコな本」(斎藤美奈子氏)と評される『高学歴男性におくる弱腰矯正読本——男の解放と変性意識』(新評論、二〇〇〇年)という二冊の書物の形となってしまったわけです。

どちらの書物もかなりの売れ行きだったのですが、確かに、哲学研究者の書くものとしてはジャンル不明の異様な書物であり、実際書店販売に際しても、哲学だけではなく、心理学や社会学、あるいは精神世界系の棚にも置かれていて、それも書店によってマチマチという有様でした。

しかし今となっては、ポスト哲学時代の評論的文芸活動の一つとして、有りうる形であったと弁解できるような気もしております。

がしかし問題は、本書においてもまたもや弁解の必要性が発生していることです。実際本書も、哲学史の本なのか社会学の本なのか、ジャンルのハッキリしない本になっているからです。

確かに当初の腹案では、哲学史と大衆社会論と倫理学の二冊ないし三冊の本を書くつもりでした。そして、まず哲学史の本から書き始めようとしたわけですが、筆を進めるうちに、漠然とした教養のための本よりも、明確な目的を持った本を、つまり直接に社会に役立つかもしれない本を書きたいという思いが募ってきて、結局は本書のような形になってしまったわけです。

つまり私としては、及ばずながらでも一般社会に少しでも貢献したいし、できれば哲学研究の成果を何ほどかでも活用して実社会や現実の政治に直接役立つ本を書きたい、と身の程もわきまえず切望してしまったわけです。

そして最初のうちは、高校生や大学生を始め、一般の社会人や政治家（特に堂々とした二重規準を必要としているはずの小泉首相）に読まれることを夢見つつ、また特に最終段階では、社会学や政治学専攻の大学生や大学院生を仮想読者にして仕上げ作業を進めてきたという次第です。

そういうわけですから、自らの僭越な挙動に赤面しながらも、本書のジャンルに関しては筆者本人がここで宣言させていただくことに致します。すなわち、本書は哲学研究者が一般社会と社会学と政治学のために書いた「大衆社会論」ないし「社会思想」ジャンルの本である、ということにしていただきたいのです。

またもや、「あとがき」で自らジャンル宣言をしなければならないような変な本になってしまいましたが、読者の皆さんならびに書店の係員の方々には、どうかその線でよろしくお願い致します。

さて、本書の成立に関しては、前二著と同様に私の怪しげな講義に付き合ってくれた受講生にまずお礼とお詫びを言わなければなりません。特に、講義内容や初期の原稿に対する的確な批判と意表をつくコメントで、私の中にあるこわばりをほぐしてくれた一部の受講生には本当に感謝しております。

そして最後に、お忙しい中徹底的に読み込んで、手厳しいご批判をくださった野村博、鉄井孝司、古川廣一、山田洋の各氏には本当にお礼の言葉もないくらいです。ありがとうございました。

二〇〇五年一月

須原一秀

索 引

著者紹介

須原一秀（すはら・かずひで）

もとは論理学と科学哲学を専攻する者であるが、「哲学の学問的不成立」を主張する本書の手前、ここでは社会思想の研究家を名のりたい——龍谷大学・立命館大学講師。

論文：”Another Mode of Metalinguistic Speech : Multi-Modal Logic on a New Basis,” *International Logic Review,* 1984.

Beliefs, Theories, and Modalities : A Composite Multi-Modal Logic as a Formalization of Metalinguistic Contexts, *JCSS Technical Report No. 8*, 1989.

著書：『超越錯覚——人はなぜ斜にかまえるか』（新評論、1992）。

『高学歴男性におくる弱腰矯正読本——男の解放と変性意識』（新評論、2000）。

訳書：A.C.マイクロス『虚偽論入門』（昭和堂、1983）など。

E-mail : eeshoo@mb.infoweb.ne.jp

〈現代の全体〉をとらえる一番大きくて簡単な枠組
——体は自覚なき肯定主義の時代に突入した——　（検印廃止）

2005年2月15日　初版第1刷発行

著　者　須　原　一　秀

発行者　武　市　一　幸

発行者　株式会社　新　評　論

〒169-0051　東京都新宿区西早稲田3-16-28
http : //www.shinhyoron.co.jp

TEL　03 (3202) 7391
FAX　03 (3202) 7391
振替　00160-1-113487

定価はカバーに表示してあります
落丁・乱丁本はお取り替えします

印刷　新　栄　堂
製本　清水製本プラス紙工
装幀　山　田　英　春

ISBN4-7948-0652-3 C0036　Printed in Japan

須原一秀の本／好評刊

高学歴男性におくる 弱腰矯正読本

〔男の解放と変性意識〕

中途半端でイラついている全国の男性諸君！ 真の「優しさ」「強さ」とは自己破滅なのだ。生活感が希薄になった「人の良いインテリ男性」のための解放理論。

★斎藤美奈子氏 評 「きわどいところで展開される論理はそれなりに快感。具体的な処方箋？ それは読んでからのお楽しみ。俗流心理学書とも人生論とも異なるヘンテコな本。」
（「朝日新聞」二〇〇〇・三・一二）

ISBN4-7948-0473-3
四六上製 206頁 1785円
好評６刷

超越錯覚

〔人はなぜ斜にかまえるか〕

科学と宗教との間のミッシングリンク（失われた環）とは？ 不安、恐怖につぐ第三の危機対応態勢とは？ 私は本当に私か？ 大学生六千名のレポートの中に探り当てられた符号と連関、そこから浮かびあがる広大な問題群！

★福嶋聡氏 評 「良質な推理小説を思わせる見事なドンデン返しは、十分に読書の醍醐味を味わわせ、読後の爽快感を与えてくれた。」
（「書標」一九九二・二月号）

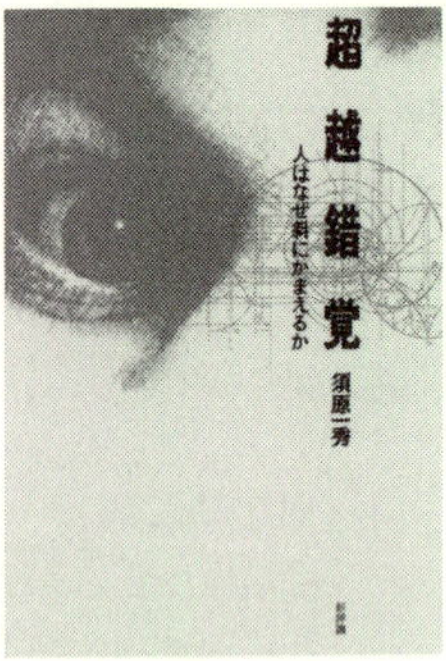

ISBN4-7948-0122-X
四六上製 246頁 2310円
好評４刷

＊価格は税（５％）込み